新时代智库出版的领跑者

国家智库报告 2022（6）
National Think Tank

中国非洲研究院文库·智库系列

中非产能合作重点国别研究

中国与埃塞俄比亚的产能合作

姚桂梅　郝睿　沈子弈　毛克　著

PRODUCTION CAPACITY COOPERATION BETWEEN
CHINA AND ETHIOPIA

中国社会科学出版社

图书在版编目(CIP)数据

中国与埃塞俄比亚的产能合作 / 姚桂梅等著. —北京：中国社会科学出版社，2022.4

(国家智库报告)

ISBN 978-7-5203-9802-2

Ⅰ.①中… Ⅱ.①姚… Ⅲ.①区域经济合作—国际合作—研究—中国、埃塞俄比亚 Ⅳ.①F125.4②F142.154

中国版本图书馆 CIP 数据核字(2022)第 034308 号

出 版 人	赵剑英
项目统筹	王 茵 喻 苗
责任编辑	喻 苗 郭曼曼
责任校对	季 静
责任印制	李寡寡

出　　版	中国社会科学出版社
社　　址	北京鼓楼西大街甲 158 号
邮　　编	100720
网　　址	http://www.csspw.cn
发 行 部	010-84083685
门 市 部	010-84029450
经　　销	新华书店及其他书店
印刷装订	北京君升印刷有限公司
版　　次	2022 年 4 月第 1 版
印　　次	2022 年 4 月第 1 次印刷
开　　本	787×1092　1/16
印　　张	8.75
插　　页	2
字　　数	80 千字
定　　价	48.00 元

凡购买中国社会科学出版社图书，如有质量问题请与本社营销中心联系调换
电话：010-84083683
版权所有　侵权必究

《中国非洲研究院文库》
编委会名单

主　任　蔡　昉

编委会　（按姓氏笔画排序）
　　　　　　王　凤　　王林聪　　王启龙　　王利民　　安春英
　　　　　　邢广程　　毕健康　　朱伟东　　李安山　　李新烽
　　　　　　杨宝荣　　吴传华　　余国庆　　张永宏　　张宇燕
　　　　　　张忠祥　　张振克　　林毅夫　　罗建波　　周　弘
　　　　　　赵剑英　　姚桂梅　　党争胜　　唐志超

充分发挥智库作用
助力中非友好合作

————《中国非洲研究院文库总序言》

　　当今世界正面临百年未有之大变局。世界多极化、经济全球化、社会信息化、文化多样化深入发展，和平、发展、合作、共赢成为人类社会共同的诉求，构建人类命运共同体成为各国人民共同愿望。与此同时，大国博弈加剧，地区冲突不断，恐怖主义难除，发展失衡严重，气候变化问题凸显，单边主义和贸易保护主义抬头，人类面临诸多共同挑战。中国是世界上最大的发展中国家，是人类和平与发展事业的建设者、贡献者和维护者。2017年10月中国共产党第十九次全国代表大会胜利召开，引领中国发展踏上新的伟大征程。在习近平新时代中国特色社会主义思想指引下，中国人民已经实现了第一个百年奋斗目标，正在意气风发向着全面建成社会主义现代化强国的第二个百年奋斗目标迈进，同时继续努力为人类作出新的更大贡献。

非洲是发展中国家最集中的大陆，是维护世界和平、促进全球发展的重要力量之一。近年来，非洲在自主可持续发展、联合自强道路上取得了可喜进展，从西方眼中"没有希望的大陆"变成了"充满希望的大陆"，成为"奔跑的雄狮"。非洲各国正在积极探索适合自身国情的发展道路，非洲人民正在为实现《2063年议程》与和平繁荣的"非洲梦"而努力奋斗。

中国与非洲传统友谊源远流长，中非历来是命运共同体。中国高度重视发展中非关系，2013年3月习近平担任国家主席后首次出访就选择了非洲；2018年7月，习近平连任国家主席后首次出访仍然选择了非洲；6年间，习近平主席先后4次踏上非洲大陆，访问坦桑尼亚、南非、塞内加尔等8个国家，向世界表明中国对中非传统友谊倍加珍惜，对非洲和中非关系高度重视。在2018年中非合作论坛北京峰会上，习近平主席指出："中非早已结成休戚与共的命运共同体。我们愿同非洲人民心往一处想、劲往一处使，共筑更加紧密的中非命运共同体，为推动构建人类命运共同体树立典范。"2021年中非合作论坛第八届部长级会议上，习近平主席首次提出了"中非友好合作精神"，即"真诚友好、平等相待，互利共赢、共同发展，主持公道、捍卫正义，顺应时势、开放包容"。这是对中非友好合作丰富内涵的高度概括，是中非双方在争取民族独立和国家解放的历史进程中培育的宝贵财富，是中非双方在发展振兴和团结协作的伟大征程上形成的重要风范，体现了友好、平等、共赢、正义的鲜明特征，是新型国际关系的时代标杆。

随着中非合作蓬勃发展，国际社会对中非关系的关注度不断提高，出于对中国在非洲影响力不断上升的担忧，西方国家不时泛起一些肆意抹黑、诋毁中非关系的奇谈怪论，诸如"新殖民主义论""资源争夺论""中国债务陷阱论"等，给中非关系发展带来一定程度的干扰。在此背景下，学术界加强对非洲和中非关系的研究，及时推出相关研究成果，提升中非国际话语权，展示中非务实合作的丰硕成果，客观积极地反映中非关系良好发展，向世界发出中国声音，显得日益紧迫和重要。

以习近平新时代中国特色社会主义思想为指导，中国社会科学院努力建设马克思主义理论阵地，发挥为党和国家决策服务的思想库作用，努力为构建中国特色哲学社会科学学科体系、学术体系、话语体系作出新的更大贡献，不断增强我国哲学社会科学的国际影响力。中国社会科学院西亚非洲研究所是遵照毛泽东主席指示成立的区域性研究机构，长期致力于非洲问题和中非关系研究，基础研究和应用研究并重。

以西亚非洲研究所为主体于2019年4月成立的中国

非洲研究院，是习近平主席在中非合作论坛北京峰会上宣布的加强中非人文交流行动的重要举措。自西亚非洲研究所及至中国非洲研究院成立以来，出版和发表了大量论文、专著和研究报告，为国家决策部门提供了大量咨询报告，在国内外的影响力不断扩大。按照习近平总书记致中国非洲研究院成立贺信精神，中国非洲研究院的宗旨是：汇聚中非学术智库资源，深化中非文明互鉴，加强治国理政和发展经验交流，为中非和中非同其他各方的合作集思广益、建言献策，为中非携手推进"一带一路"合作、共同建设面向未来的中非全面战略合作伙伴关系、构筑更加紧密的中非命运共同体提供智力支持和人才支撑。中国非洲研究院有四大功能：一是发挥交流平台作用，密切中非学术交往。办好"非洲讲坛""中国讲坛""大使讲坛"，创办"中非文明对话大会""非洲留学生论坛""中国非洲研究年会"，运行好"中非治国理政交流机制""中非可持续发展交流机制""中非共建'一带一路'交流机制"。二是发挥研究基地作用，聚焦共建"一带一路"。开展中非合作研究，对中非共同关注的重大问题和热点问题进行跟踪研究，定期发布研究课题及其成果。三是发挥人才高地作用，培养高端专业人才。开展学历学位教育，实施中非学者互访项目，扶持青年学者和培养高端专业人才。四是发挥传播窗口作用，讲好中非友好故事。办好中国非洲研究院微信公众号，办好中英文中国非洲研究院网站，创办多语种《中国非洲学刊》。

为贯彻落实习近平主席的贺信精神，更好汇聚中非学术智库资源，团结非洲学者，引领中国非洲研究队伍提高学术水平和创新能力，推动相关非洲学科融合发展，推出精品力作，同时重视加强学术道德建设，中国非洲研究院面向全国非洲研究学界，坚持立足中国，放眼世界，特设"中国非洲研究院文库"。"中国非洲研究院文库"坚持精品导向，由相关部门领导与专家学者组成的编辑委员会遴选非洲研究及中非关系研究的相关成果，并统一组织出版。文库下设五大系列丛书："学术著作"系列重在推动学科建设和学科发展，反映非洲发展问题、发展道路及中非合作等某一学科领域的系统性专题研究或国别研究成果；"学术译丛"系列主要把非洲学者以及其他方学者有关非洲问题研究的学术著作翻译成中文出版，特别注重全面反映非洲本土学者的学术水平、学术观点和对自身发展问题的见识；"智库报告"系列以中非关系为研究主线，中非各领域合作、国别双边关系及中国与其他国际角色在非洲的互动关系为支撑，客观、准确、翔实地反映中非合作的现状，为新时代中非关系顺利发展提供对策建议；"研究论丛"系列基于国际格局新变化、中国特色社会主义进入新时代，集结中国专家学者研究非洲政治、经济、安全、社会发展等方面的重大问题和非洲国际关系的创新性学术论文，具有基础性、系统性和标志性研究成果的特点；"年鉴"系列是连续出版的资料性文献，分中英文两种版本，设有"重要文献""热点聚焦""专题特稿""研究综述""新书选介""学刊简介""学术机构""学术动态""数据统计""年度大事"等栏目，系统汇集每年度非洲研究的新观点、新动态、新成果。

期待中国的非洲研究和非洲的中国研究在中国非洲研究院成立新的历史起点上，凝聚国内研究力量，联合非洲各国专家学者，开拓进取，勇于创新，不断推进我国的非洲研究和非洲的中国研究以及中非关系研究，从而更好地服务于中非共建"一带一路"，助力新时代中非友好合作全面深入发展，推动构建更加紧密的中非命运共同体。

中国非洲研究院

前　言
充分发挥智库作用，助力中非产能合作

中非产能合作是中国"一带一路"建设的重要内容之一，反映了中国经济步入"新常态"后的一种新的综合性需求。非洲大陆作为中国"一带一路"建设的重要延伸地带，是中国对外经济交往中不可或缺的重要伙伴。中国与非洲国家开展产能合作，既可助力非洲实现工业化、城市化、一体化以及可持续发展，也是服务中国国内富裕产能"走出去"、促升级的重要途径，体现中非全面战略合作伙伴关系的重要举措，意义重大。

第一，中非产能合作的领域相当广泛，不仅涵盖传统的双边贸易、双向投资和对非承包工程以及对非援助，而且还涉及金融领域的合作以及区域经济一体化合作中的贸易投资自由化与便利化，因此是深耕厚植传统经贸合作领域和创新培育新的合作领域与新合

作方式的重要途径。第二，加强产能合作是深化中非经贸合作关系的重要的途径。通过产能合作可以引领中非之间简单的贸易投资合作向产业合作方向深化发展，这不仅可以促进中非之间发展战略的对接，而且有助于形成中非产业价值链，推动中非经贸合作进入全新的阶段。第三，中非产能合作可以满足中非双方共同发展的需要，具有坚实的客观基础。一方面非洲国家具有推进工业化、城市化、一体化进程的现实需要；另一方面中国优势产能、强大建设能力的输出可以为非洲提供工业化、城市化、一体化建设所必需的资金和生产技术。因此，中非之间加强产能合作符合中非各自的比较优势和发展需要。第四，产能合作与"一带一路"倡议中的"贸易畅通""设施联通""资金融通"和"政策沟通"具有密切的联系。因此，在"一带一路"框架下加强中非产能合作，对于推进"一带一路"建设，拓展新时代中非各领域合作，构建更加紧密的中非命运共同体具有非常重要的意义。第五，加强中非产能合作符合中国的国际化发展战略。根据2015年出台的《国务院关于推进国际产能和装备制造合作的指导意见》，国际间的产能合作超越了以国际贸易、国际投资和国际技术流动等为代表的传统的、单一的国际分工模式，是一种跨越国家地理边界，包含产品分工合作、消费市场和生产要素市场的跨国合作模式。因此，加强中非产能合作是深化中非经贸合作的重要途径和战略发展方向。

在此背景下，如何加强中国与非洲的产能合作成为国内非洲学界普遍关注的问题。然而对于什么是产能合作，影响中非产能合作的主要因素是什么，如何确定中非产能合作重点领域，哪些国家是中非产能合作的重点国别等问题，并没有取得一致的看法和清晰的认识。而且中非产能合作是一个规模庞大的系统工程，而中国与非洲在国别层面进行的双边合作是保障重要举措的落地生根的基础性工程，但现有的研究成果难以满足中国政府职能部门及相关合作主体的实际需求。为此，2017 年中国社会科学院西亚非洲研究所批准设立创新工程《中国与非洲产能合作重点国家研究》项目，一方面旨在清晰界定产能合作内涵的基础上，从理论和实证两个方面深入分析中非产能合作理论依据和现实基础，进一步甄别和判断中非产能合作的重点产业选择和区位选择。另一方面，旨在弥补国内非洲国别区域研究的弱项，力争从国别层面着手，对非洲重点国家产能合作的微观需求与潜力，中国与非洲重点国家进行产能合作的现状、特点与面临的问题，以及中非产能合作的国别模式进行基础性、针对性、理论性的综合研究，提出兼具战略性、前瞻性、可操作性的对策建议，力争从根源上保障中非产能合作永续发展的双赢目标。

经过5年的研究，创新项目组不仅从中国对非洲大陆的层面全面评估了中非产能合作的总况，更是针对非洲国家众多、资源禀赋和市场条件多样化的特点，甄选出南非、尼日利亚、肯尼亚、埃塞俄比亚、埃及5个国家，分别就中国与上述国家产能合作的情况进行了重点考察。研究推进体现在以下五个方面：其一，总报告在综合分析各种因素的基础上论证了中非产能合作的理论和现实基础（物质条件、载体条件、政策条件和金融条件），全面概述了2015年以来中非产能合作发展的阶段性进展，包括中非产能合作的产业分布和区域国家布局，评估了中非在基础设施、经贸合作区与制造业、能源矿业以及农业领域合作的成效，存在的困难与挑战，展望了后疫情时代中非产能合作的前景，并多视角的提出了针对性的对策建议。其二，5个国别报告分别对各自国家与中国进行产能合作的潜力与现实基础进行了的分析，评估出承接中国产能转移的能力和未来可重点发展的优势产业、行业，梳理了5个非洲国家在招商引资等方面的政策举措，包括劳资关系、移民政策、投融资与环保政策新动向；其三，概述了中国企业在当地进行产能合作（基础设施、经贸合作区等）的总体情况，重点考察了中国与上述非洲国家产能合作重大项目进展情况，特别是加强了对中非产能合作实施模式方面的研究，评估了社会经济效果、风险及挑战，其四，着眼于推动中非产能合作高质量发展，在规划设计、国内政策配套、基础设施建设、资金支持、人力资源培训、风险防控和安全保障等方面提出了针对性的对策建议。其五，针对国内中非产能合作研究中普遍存在偏重宏观层面、欠缺国别层面与微观层面的剖析这一问题，5个国别报告的完成将国内非洲区域国别问题研究推向深入。总之，项目系列成果的发表将为相关领域的学术研究奠定基础，为国家战略选择和政策制定提供理论依据，为中国企业向非洲投资和产业转移提供参考。

然而，由于研究力量有限，项目组成员学科背景、学术志趣、学术积淀以及跟踪研究时间长短不一，加之重视程度、治学态度、投入书稿的时间与精力不同，研究报告存在这样或那样的问题，错误与纰漏亦在所难免，希望出版后学界同仁和广大读者不吝赐教，以便研究团队在今后的研究工作中加以改进。

中国社会科学院西亚非洲研究所
创新项目《中国与非洲产能合作重点国家研究》
首席研究员：姚桂梅
2022年1月

摘要：埃塞俄比亚是东部非洲地区的重要国家，是中国在非洲的重要合作伙伴。中国与埃塞俄比亚长期政治互信，经贸关系日趋密切。因其多年经济持续高速增长，人口红利丰沛、营商成本低廉和市场潜力巨大，叠加政府高效清廉并秉持"向东看"理念，学习中国发展经验等诸多因素，成为中非产能合作先行先试示范国家。经过多年的合作发展，在中国与埃塞俄比亚两国政府相关经济发展战略的引领下，双方企业发挥产业互补性强的优势，在工业园区建设与运营、基础设施建设、农业和制造业等领域开展许多重大的产能项目，取得了精彩纷呈的合作成果。中国与埃塞俄比亚的产能合作不仅推动了埃塞俄比亚的工业化、城市化，而且推进了其与东非地区国家的互联互通一体化，与此同时，通过属地化经营，为埃塞俄比亚国内创造大量就业机会，进行了技术转移，切实地推动了埃塞俄比亚社会经济的发展。鉴于中埃两国产能合作项目取得较好的社会经济效益，未来两国的产能合作可大体在既有的投资合作思路上创新发展，即大力发展劳动密集型"两头在外"项目，继续依托当地农牧业资源的出口导向型项目，面向国内市场的基础消费品项目，以及策划支持"集群式走出去"等项目。展望未来，中埃产能合作尽管面临政府债务上升、外汇持续短缺、区域发展失衡、政治和安全风险趋升、大国博弈加剧的风险与挑战，但埃塞俄比亚固有的人口和市场优势对投资者的吸引力并未消失，而且埃塞俄比亚政府正在进行经济结构转型，尤其是私有化措施将更大程度地激活市场活力，为中埃产能合作带来重大机遇。未来，为促进中埃产能合作的高质量发展，应进一步明确两国产能合作的战略性定位与市场化导向；应大力实施"投贷援"与"投建营"相结合的项目，支持产能合作持续发展；应加强人才培养和劳工培训，在合作中推动埃塞俄比亚的能力建设。

关键词：埃塞俄比亚；中国；产能合作；现状；未来总体构想

Abstract: Ethiopia is an important country in East Africa and an important partner of China in Africa. China and Ethiopia have long-term political mutual trust and increasingly close economic and trade relations. Ethiopia has been a pilot country for China-Africa production capacity cooperation due to its advantages of continuous high-speed economic growth for many years, abundant demographic dividends, low business costs, huge market potential, government's efficiency and incorruptibility, "looking east" strategy of learning experiences of other developing countries including China. Through years of cooperation and development, enterprises of China and Ethiopia, under the guidance of relevant economic development strategies of both governments, have explored advantages of strong industrial complementarity, and put many projects into practice, achieving splendid achievements on industrial parks building and operation, infrastructure construction, agriculture and manufacturing development.

The bilateral production capacity cooperation has not only promoted the industrialization and urbanization of Ethiopia, but also facilitated its connectivity and integration with other Eastern African countries. Furthermore, localized management of cooperation projects injected strong impetus to social economic development of Ethiopia by providing abundant job opportunities and technological transfer to local market. Upon these glorious outcomes, both sides could bring about innovations to their current cooperation architecture through developing "both-ends-abroad" labor intensive industries, highlighting local export-oriented projects of agricultural and animal husbandry resources, supporting industries of basic consumer goods for domestic market, and planning programs of "going out in clusters".

Looking ahead, despite challenges of rising government debt, foreign exchange shortages, regional development imbalances, rising political and security risks, and intensifying competition between major powers, China-Ethiopia cooperation on production capacity is still attractive to investors due to its inherent demographic and market advantages. Besides, the Ethiopian government is putting forward economic structural transformation, especially the privatization measures will activate the market vitality to a greater extent, bringing significant opportunities for cooperation between the two sides. In the future, in order to promote the high-quality development of China-Ethiopia cooperation on production capacity, the strategic positioning and market orientation should be further clarified. Apart from integrating projects of "investment + loan + aid" and "investment + construction + management", talent training as well as labor training should be strengthened to promote Ethiopia's capacity building.

Key Words: Ethiopia; China; Production Capacity Cooperation; Current Situation; Future Overall Planning

目　录

一　埃塞俄比亚发展概况 …………………………（1）
（一）埃塞俄比亚国家概况数说 …………………（1）
（二）埃塞俄比亚经济发展评析 …………………（34）

二　埃塞俄比亚行业分析 …………………………（45）
（一）埃塞俄比亚行业发展现状及规划 ……（45）
（二）埃塞俄比亚差别化行业管理政策 ……（57）

三　中埃产能合作的现状 …………………………（63）
（一）2010年以来的中埃贸易 …………………（63）
（二）中国与埃塞俄比亚的投资合作 ………（69）
（三）中国与埃塞俄比亚的基建合作 ………（83）
（四）中埃产能合作总体评述 …………………（94）

四 助推中埃产能合作的总体构想及对策建议 ……………………………………（97）

（一）对中埃产能合作的总体考虑和风险评估 ……………………………（97）

（二）中埃产能合作的重点领域 …………（105）

（三）中埃产能合作的政策性建议 …………（108）

主要参考文献 ………………………………（112）

一 埃塞俄比亚发展概况

（一）埃塞俄比亚国家概况数说

1. 自然环境与社会概况

（1）土地面积

埃塞俄比亚位于非洲东北部，地处非洲之角的中心，东与吉布提和索马里相邻，南与肯尼亚接界，西与苏丹和南苏丹接壤，北与厄立特里亚交界。埃塞俄比亚国土面积110.36万平方公里，居非洲第10位、世界第27位。埃塞俄比亚原为沿海国家，1993年厄立特里亚脱离埃塞俄比亚独立后成为内陆国家，但仍使用厄立特里亚的阿萨布港作为进出口的主要通道。1998年埃塞俄比亚与厄立特里亚发生边界战争，埃塞俄比亚被迫改以吉布提港为主要出海通道，部分进出口还经由索马里的柏培拉港、肯尼亚的蒙巴萨港和苏丹的苏丹港。

埃塞俄比亚素有"非洲屋脊"之称，60%以上的国土海拔高于1000米，全国平均海拔2000—2500米，最高点为锡缅山脉的拉斯—达森峰（Ras Dashen），海拔4550米，最低点为达纳基尔洼地（Danakil Depression），低于海平面125米。东非大裂谷将埃塞俄比亚国土分成西部高原和东部高原两部分。西部高原是埃塞俄比亚的主体，地势自东向西倾斜，其中又被众多的河流切割成一块块顶部平坦、边缘陡峭的高台地，台地上分布着大面积的耕地。东南部高原的东面和南面，地势从西北向东南倾斜，是海拔500—1500米的低高原。

（2）资源状况

埃塞俄比亚属于资源相对贫乏的非洲国家。土地是埃塞俄比亚最重要的资源，65%的国土理论上适合耕种，但由于地形复杂，加之常年水土流失以及缺乏灌溉设施，许多地区特别是高原地区发展农业的条件并不十分优越。目前森林覆盖率为9%，发展林业的基础较为薄弱。水资源丰富，清洁水源覆盖率超过60%，有"东非水塔"的美誉。境内河流湖泊较多，青尼罗河发源于此，但水资源利用率不足5%，渔业资源迄今未得到有效商业开发。

埃塞俄比亚资源较丰富，但勘探开发滞后。已探明的矿藏有黄金、铂、镍、铜、铁、煤、钽、硅、钾盐、磷酸盐、大理石、石灰石、石油和天然气。其中，黄金探明储量在900吨以上；钽铌矿储量在1.7万吨以上；天然气储量约249亿立方米。矿业开发尚待起步，目前主要是加拿大、马来西亚、沙特阿拉伯、英国、苏丹、约旦等国公司在埃塞俄比亚进行矿产开发。

埃塞俄比亚有着3000多年的文明史，拥有为数众多的名胜古迹，如阿克苏姆方尖碑、拉利贝拉石凿教堂、贡德尔的法西尔城堡、塔纳湖和青尼罗河瀑布。旅游业发展潜力巨大，但相关基础设施建设不发达。

（3）气候及主要城市天气

埃塞俄比亚位于北纬3度与15度之间，处于热带，但由于海拔高度不同，地形复杂，因而境内降雨量、气温差异很大。高原地区3月至4月为小雨季，6月中旬至9月中旬为大雨季，大雨季的降雨量占全年降雨量的90%。其余时间为旱季，大部分时间干旱无雨。

埃塞俄比亚全国包括首都亚的斯亚贝巴和商业城市迪雷达瓦在内的2个自治行政区和9个民族州。9个民族州分别是：奥罗米亚州、阿姆哈拉州、阿法尔州、本尚古勒—古木兹州、甘贝拉州、哈勒尔州、索马里州、南方民族州和提格雷州。首都亚的斯亚贝巴是埃塞俄比亚的政治、经济、文化中心和交通枢纽，也是东非地区空中交通枢纽。亚的斯亚贝巴还是非洲联盟、联合国非洲经济委员会等国际组织总部所在地,各国派驻这里的外交机构数量众多,故有"非洲政治首都"之称。亚的斯亚贝巴地理上居于国家的中心位置,平均海拔2450米,面积540平方公里,人口约400万人。亚的斯亚贝巴地理纬度虽接近赤道,但因地势高而气候凉爽,四季如春,年平均气温16℃,最低气温9.7℃,最高气温25.5℃。除亚的斯亚贝巴和迪雷达瓦外,其他主要城市还有阿瓦萨、贡德尔、麦克雷、巴哈达尔、哈拉尔等。

埃塞俄比亚属于东三时区,当地时间比北京时间晚5小时,不实行夏时制。埃塞俄比亚有自己独特的纪元和历法,称为朱利安太阳历(埃历)。埃历与世界通用的格里高利历(以下简称公历)均以耶稣基督诞生为纪元开始,但对耶稣基督诞生的年代有着不同的认定,两种历法前后相差约7年,如埃历的2000年为公历的2007年。埃历将一年分为13个月,其中前12个月为每月30天,第13个月为5天,如遇闰年,则为6天。埃历将每年公历9月11日定为元月1日。

(4) 人口和民族

埃塞俄比亚是非洲仅次于尼日利亚的第二人口大国,世界银行的数据显示,2019年,埃塞俄比亚全国总人口为1.12亿人。埃塞俄比亚也是世界上人口增长速度最快的国家之一,近十年人口年均增长率约为2.7%,预计到2050年人口将达2亿人。

埃塞俄比亚全国有80多个民族,主要有奥罗莫族(Oromo),占比40%;阿姆哈拉族(Amhara),占比30%;提格雷族(Tigrayan),占比8%;索马里族(Somali),占比6%;锡达莫族(Sidama),占比4%;其他民族占比12%。

埃塞俄比亚是一个具有悠久基督宗教传统的国家,是世界上东正教徒第二多的国家。全国人口中62.8%信奉基督教,其中,43.5%信奉埃塞俄比亚正教,18.6%信奉基督教新教,0.7%信奉天主教。埃塞俄比亚也是伊斯兰教最早传播的国家之一,全国人口中33.9%信奉伊斯兰教。此外,还有2.6%的人口信奉原始宗教,0.6%信奉其他宗教。

(5) 语言

埃塞俄比亚有83种语言和200多种方言,主要语言有阿姆哈拉语、奥罗莫语、提格雷语、古拉格语、索马里语、阿尔法语等。1995年8月2日生效的《埃塞俄比亚联邦民主共和国宪法》(以下简称《宪法》)规定,埃塞俄比亚所有语言地位平等,联邦政府的工作语言为阿姆哈拉语,联邦的各个成员可根据法律决定各自地区的工作语言,各州以下的民族区还有权根据本地的具体情况决定本区的工作语言。《宪法》未规定英语的地位，但英语为联邦事实上的通用语言，也是高等学校的教学语言。

（6）货币和财年

埃塞俄比亚比尔是埃塞俄比亚的法定货币，发行机构为埃塞俄比亚国家银行，货币符号为 ETB。货币面额有 1、5、10、50、100、200 比尔，以及 1、5、10、25、50 分的铸币。比尔与美元可以直接兑换，与其他硬通货之间也可以根据与美元的汇率折算实现间接兑换。目前，人民币与比尔不能直接结算。2021 年 7 月，1 比尔约兑换 0.02 美元或 0.15 人民币。埃塞俄比亚财政年度为每年 7 月 8 日至次年 7 月 7 日。

（7）公共假期

埃塞俄比亚有许多传统节日，既有宗教节日，也有世俗节日。主要节日包括：

①埃历新年，为每年公历的 9 月 11 日。

②真十字架发现日，为每年公历的 9 月 27 日。

③埃塞俄比亚东正教圣诞节，为每年公历的 1 月 7 日。

④埃塞俄比亚东正教主显节，为每年公历的 1 月 19 日。

⑤伊斯兰开斋节，伊斯兰历每年的 10 月 1 日，公历每年日期不同。

⑥阿杜瓦战役胜利纪念日，为每年公历的 3 月

2 日。

⑦耶稣基督受难日，公历日期每年不同。

⑧埃塞俄比亚复活节，4 月 19 日公历日期每年不同。

⑨国际劳动节，为每年公历的 5 月 1 日。

⑩爱国者胜利纪念日，为每年公历的 5 月 5 日。

⑪国庆节（推翻门格斯图政权纪念日），为每年公历的 5 月 28 日。

⑫阿拉法特节，为埃塞俄比亚穆斯林节日，每年依月亮的变化而日期不同。

⑬先知穆罕穆德诞生日，为每年公历的 7 月 17 日。

2. 政治环境

（1）历史沿革

埃塞俄比亚具有 3000 年文明史，公元前 8 世纪建立努比亚王国，公元前后建立阿克苏姆王国，10 世纪末被扎格王朝取代。13 世纪，阿比西尼亚王国兴起，19 世纪初分裂成若干公国。1889 年，绍阿国王孟尼利克二世称帝，统一全国，建都亚的斯亚贝巴，奠定现代埃塞俄比亚疆域。1890 年，意大利入侵，强迫埃塞俄比亚接受其"保护"。1896 年，孟尼利克二世在阿杜瓦大败意军，意大利被迫承认埃塞俄比亚独立。

1928年海尔·塞拉西登基，1930年11月2日加冕称帝。1936年，意大利再次入侵，占领埃塞俄比亚全境，塞拉西流亡英国。1941年，盟军击败意大利，塞拉西于5月5日归国复位。

第二次世界大战结束后，美国大力扶持埃塞俄比亚，作为其在非洲的代理人。1950年12月2日，联合国大会采纳了美国意见，通过了390号决议，英国对厄立特里亚的托管在1952年9月15日前结束，埃塞俄比亚与厄立特里亚组成一个联邦。1962年，埃塞俄比亚政府将厄立特里亚改为一州，激起厄立特里亚人反抗，后者随即组织"厄立特里亚解放阵线"（以下简称"厄解阵"），开展长达30年的武装抗争。

1974年9月12日，一批少壮军官发动政变推翻塞拉西政权，废黜帝制，成立临时军事行政委员会。1977年2月，门格斯图·海尔·马里亚姆（Mengistu Haile Mariam）中校发动政变上台，自任国家元首。1979年成立以军人为主的"埃塞俄比亚劳动人民党组织委员会"，推行一党制。1987年9月，门格斯图宣布结束军事统治，成立埃塞俄比亚人民民主共和国。1988年3月，埃塞俄比亚爆发内战。

1991年5月28日，埃塞俄比亚人民革命民主阵线（以下简称"埃革阵"）推翻门格斯图政权，7月成立过渡政府，埃革阵主席梅莱斯·泽纳维（Meles Zenawi）任总统。厄解阵也组建厄立特里亚过渡自治政府，1993年，两年过渡期满，厄立特里亚经全民公决，脱离埃塞俄比亚而独立。1994年12月，埃塞俄比亚制宪会议通过新宪法，明确规定各民族拥有自决权利。1995年5月，举行首次多党选举，8月22日，改国名为"埃塞俄比亚联邦民主共和国"，梅莱斯以人民代表院多数党主席身份就任总理，后在2000年、2005年、2010年三次大选中，梅莱斯均连任。

（2）国体政体

埃塞俄比亚实行民族区域自治基础上的联邦制和三权分立制下的议会内阁制。

联邦议会由人民代表院和联邦院组成，系国家最高立法机构。人民代表院系联邦立法和最高权力机构，负责宪法和联邦法律的制定与修订，由全国普选产生，每5年改选一次。一般不超过550个议席。本届人民代表院有547个议席，现任议长塔格塞·恰福（Tagese Chafo），2018年10月就职。联邦院拥有宪法解释权，有权决定民族自决与分离，解决民族之间纠纷。任期5年，由各州议会推选或人民直选产生，每个民族至少可有1名代表，每100万人中可增选1名代表。本届联邦院有163名议员，议长阿登·法拉赫·易卜拉欣（Aden Farah Ibrahim）2020年6月就职。

（3）国家首脑

总统为国家元首，行使宪法赋予的荣誉职责，由人民代表院提名，经联邦院和人民代表院2/3多数同意后通过，任期6年，最多可连任两届。2001年10月人民代表院通过的"总统法案"规定：总统由无党派人士担任，不得有任何政治组织背景，卸任后亦不得参与政党活动；总统因死亡或疾病不能履行职责时，由议会任命代总统。现任总统萨赫勒·沃克（Sahle-Work Zewde），2018年10月当选。埃塞俄比亚总统作为国家象征，不具有实权，政府首脑为总理，名义上由总统任命，但实际由议会中的多数党派进行推举，因此联邦议会选举通常被称为埃塞俄比亚"全国大选"。

总理和内阁拥有最高执行权力，由多数党或多党联合组阁，集体向人民代表院负责。总理为掌握实权的政府首脑，由议会多数党或政治联盟领袖出任，任期5年，没有明确任届限制，每届任期与人民代表院一致。

1991年5月，埃革阵推翻门格斯图政权，同年7月组成过渡政府，梅莱斯任过渡政府总统、人民代表院主席兼武装部队总司令。1995年5月，埃塞俄比亚举行首次多党选举，在选举中获胜的埃革阵于同年8月组成了多党参加的联邦政府，更改国名为"埃塞俄比亚联邦民主共和国"。梅莱斯以人民代表院多数党主席身份就任总理兼武装部队总司令。2000年10

月和2005年10月，梅莱斯两次获得连任。1995—2001年，内加索·吉达达（Negasso Gidda Solon）任总统。2001—2013年，吉尔马·沃尔德·乔治斯（Girma Wolde-Giorgis）任总统。2013—2018年，穆拉图·特肖梅·沃图（Mulatu Teshome Wirtu）任总统。

2012年8月，梅莱斯去世，海尔马里亚姆·德萨莱尼（Hailemariam Desalegn）行代理职务，政治与经济均实现了平稳过渡，埃革阵在埃塞俄比亚各级政府中仍保持绝对控制地位。2012年9月，议会批准海尔马里亚姆出任总理。2018年2月15日，海尔马里亚姆提出辞去总理及执政联盟主席职务，以缓解奥罗莫族和阿姆哈拉族两族民众对政府的不满。

2018年3月27日，埃革阵选举阿比·艾哈迈德·阿里（Abiy Ahmed Ali）为新一任党主席。2018年4月2日，埃塞俄比亚人民代表院正式批准通过阿比为埃塞俄比亚新一任总理。奥罗莫族政党主席阿比任总理，阿姆哈拉族人担任副总理，两大部族在中央的权力分布得到平衡。2018年10月，埃塞俄比亚议会两院举行特别会议，批准穆拉图·特肖梅·沃图辞去总统的申请，并选举萨赫勒·沃克为新一任总统，后者也是埃塞俄比亚首位女总统。

(4) 法律制度

①法律体系

埃塞俄比亚的法律体系融合了大陆民法法系和普通法法系这两大法系的内容。除《埃塞俄比亚联邦民主共和国宪法》（以下简称《宪法》）外，还制定了《民法典》《商法典》《海商法典》《刑法典》《刑事诉讼法》《民事诉讼法》六大法典以及其他法律法规。埃塞俄比亚法律体系较健全，民商事立法走在非洲前列。

1994年12月8日，埃塞俄比亚制宪会议通过第四部宪法——《埃塞俄比亚联邦民主共和国宪法》（以下简称《宪法》），1995年8月22日生效。新宪法共11章106条，规定埃塞俄比亚为联邦制国家，实行三权分立和议会制，政教分离。总统为国家元首，总理和内阁拥有最高行政权。各民族平等自治，享有民族自决和分离权，任何一个民族的立法机构以2/3多数通过分离要求后，联邦政府应在3年内组织该族进行公决，多数赞成即可脱离联邦。各州可以本族语言为州工作语言。保障私有财产，但国家有权进行有偿征用。城乡土地和自然资源归国家所有，不得买卖或转让。组建多民族的国家军队和警察部队，军队不得干政。保障公民的民主自由和基本权利。

②司法体系

《宪法》规定，埃塞俄比亚实行司法独立。各级政府机构和政府官员不得干预司法事务，法官根据法律完全独立地行使司法权力，司法体系实行财政独立，这些都在一定程度上保证司法的公正性。联邦层面还设有道德与反腐委员会，负责监督联邦政府各组成部门的行为，打击包括司法腐败在内的各类违法违规行为。2017年以来，埃塞俄比亚政府厉行反腐，抓捕了一大批涉嫌腐败的政府官员、企业高管和商人。

埃塞俄比亚具有双重司法系统，有两套并行的法院体系。司法权力在联邦法院和州法院之间横向划分，同时在每一结构不同层面之间纵向划分。《宪法》赋予联邦法院管辖权的事项主要是涉及国家利益的事项，而有关各州的事项则留给各州法院处理。联邦法院设有三级法院，从下至上分别为：联邦初级法院（只有一审管辖权）、联邦高等法院（同时拥有一审管辖权和上诉管辖权）和联邦最高法院（只有民事和刑事案件的上诉管辖权和撤销权）。各州也有类似的三级法院结构，即州初级法院、州高等法院和州最高法院。此外，还在两个自治市设有市政法院，在首都和部分州设有社会法院。总体而言，埃塞俄比亚的司法体系较为完整。不过，埃塞俄比亚的法律制度也存在一些问题，特别是司法机关在审判过程中不仅需要遵守成文法，还需要遵守一些没有正式公布且不易获得的规定，如国家行政机关发布的指令;由于法律法规存在一定漏洞,不同法院对法律的解释可能不同。

③国际条约

埃塞俄比亚加入了联合国下属的 15 个国际组织,还加入了世界银行附属的多边投资担保机构(Multilateral Investment Guarantee Agency,MIGA)和《国际投资纠纷解决公约》(International Center for Settlement of Investment Disputes),承诺对货币转移、征用和国有化、战争和社会动乱、毁约等有关的政治和非商业风险提供法律保护。

《宪法》保护私有财产不被政府征用或国有化,并遵守双边投资协定。外国投资者可按当日银行比价将利润和红利、用于偿付外部贷款的本金与利息、与技术转让协议有关的付款、将企业出售、清盘或向当地投资者转让股份或所有权所得进项等兑成外汇,并自由免税汇出境外。埃塞俄比亚已与包括中国在内的多个国家缔结了双边投资协定(Bilateral Investment Treaties,BITs)、避免双重征税协定(Double Taxation Treaties,DTTs)等条约。对中国企业而言,在当地解决商务纠纷的适用法律主要是中埃双边投资保护协定和埃塞俄比亚当地法律。此外,尽管埃塞俄比亚签订了《解决国家和他国国民之间投资争端公约》(《华盛顿公约》),但由于没有交存核准书,根据该《公约》第

68 条第 2 款的规定，该《公约》尚不对埃塞俄比亚生效。值得注意的是，埃塞俄比亚是少数几个尚未加入 1958 年《承认及执行外国仲裁裁决公约》（《纽约公约》）的国家之一。《埃塞俄比亚民事诉讼法》规定了外国仲裁裁决在埃塞俄比亚的承认和执行条件，即同时满足以下条件：保证互惠、仲裁裁决是根据仲裁协议或者仲裁过的其他法律行为作出的；当事人在指定仲裁员上具有平等的权利且被通知参加仲裁、仲裁庭依约组成；裁决不涉及根据埃塞俄比亚法律规定不能提交仲裁的事项或不违反公共秩序或道德；该裁决具有埃塞法律规定的条件下强制执行的性质。

④税收及避免双重征税协定

埃塞俄比亚的主要税种是企业所得税、增值税、关税和消费税。对于劳动雇佣收入、股息和特许权使用费等征收最终预提税。埃塞俄比亚遵循传统的企业所得税制度，在公司和股东层面全都征税，企业所得税税率为 30%，股息分红税率为 10%。开展业务或贸易的所有实体（当前处于所得税免税期的实体除外）均须缴纳企业所得税。关于业务或贸易的定义是任何工业、商业、专业或职业活动，或《埃塞俄比亚商法典》承认为贸易并由任何人为获利而进行的任何其他活动。

埃塞俄比亚已批准与 15 个国家的避免双重征税协

定，包括中国、法国、以色列、罗马尼亚、俄罗斯、土耳其、南非、突尼斯、阿尔及利亚、也门、捷克、意大利、苏丹、英国和科威特。中国与埃塞俄比亚之间的《对所得避免双重征税和防止偷漏税的协定》及协定的议定书于2009年5月14日签订，自2013年1月1日正式生效。

（5）主要政府部门和中央银行

埃塞俄比亚本届政府于2018年10月组成，之后陆续进行过调整。目前除总理阿比外，还有21名内阁成员，包括：副总理德梅克·梅孔嫩（Demeke Mekonnen），和平部长穆菲丽哈特·卡米勒（Muferihat Kamil），国防部长肯尼亚·亚德塔（Kenea Yadeta），外交部长格杜·安达尔加丘（Gedu Andargachew），财长艾哈迈德·希德（Ahmed Shide），总检察长吉迪恩·提莫德沃斯（Gedion Timotheos），农业部长奥马尔·侯赛因（Omer Hussien），贸易与工业部长梅拉库·阿勒贝尔·亚的斯（Melaku Alebel Addis），创新与技术部长亚伯拉罕·贝雷（Abrham Belay），交通部长达格玛维特·莫格斯（Dagmawit Mogess），城市发展与建设部长艾莎·穆罕默德·穆萨（Aisha Mohammed Mussa），水、灌溉和电力部长塞莱希·贝克利（Sileshi Bekele），矿业与油气部长塔克利·乌马（Takele Uma），教育部长格塔洪·梅库里亚（Getahun

Mekuria），科学与高等教育部长塞缪尔·乌卡托（Samuel Urkato），卫生部长莉亚·塔德塞（Liya Tadesse），妇女、儿童与青年部长费尔珊·阿卜杜莱西（Filsan Abdullahi），劳工与社会事务部长埃尔戈格·特斯法耶（Ergoge Tsefaye），文化与旅游部长希鲁特·卡索（Hirut Kassaw），税务部长拉克·阿亚留（La'qe Ayalew），计划与发展委员会部长菲祖姆·阿塞法·阿德拉（Fitsum Assefa Adela）。

埃塞俄比亚国家银行（National Bank of Ethiopia，NBE）是埃塞俄比亚中央银行，总部位于首都亚的斯亚贝巴，现任银行行长为伊纳格尔·德西（Yinager Dessie）。

（6）**主要政党**

埃塞俄比亚全国现有70多个注册政党。主要有：

①埃塞俄比亚繁荣党（Ethiopian Prosperity Party，EPP）

繁荣党前身为埃革阵及其盟党。埃革阵是由提格雷人民解放阵线（Tigray Peoples Liberation Front，TPLF）、奥罗莫人民民主组织（Oromo Peoples Democratic Organization，OPDO）、阿姆哈拉民族民主运动（Amhara National Democratic Movement，ANDM）和南方埃塞人民民主运动（Southern Ethiopian People's Democratic Movement，SEPDM）四党组成的执政党联盟。

埃革阵四大成员党分别来自埃塞俄比亚四大地方州。此外，其他五个地方州的地方执政党埃塞俄比亚索马里人民民主党（Somali People's Democratic Party，SPDP）、本尚古勒—古姆兹人民民主团结阵线（Benishangul-Gumuz People's Democratic Party，BGPDP）、阿法尔民族民主党（Afar National Democratic Party，ANDP）、甘贝拉人民民主运动（Gambella People's Democratic Movement，GPDM）和哈勒尔民族联盟（Hareri National League，HNL）是埃革阵的友党。埃革阵对内推行多党议会制民主和市场经济政策，尊重各民族自决权；对外主张在平等、相互尊重和不干涉内政基础上发展同世界各国的合作，推行地区大国战略。在1995年、2000年、2005年、2010年和2015年的多党选举中均获胜。2019年12月，埃革阵三大成员党（阿姆哈拉民主党、奥罗莫民主党和南埃塞俄比亚人民民主运动）和5个盟党签署协议正式成立繁荣党，取代埃革阵成为执政党，阿比任党主席。阿比在繁荣党成立当天表示，该党将以知识和真理为指导原则，目标是在未来10年内建立一个繁荣的埃塞俄比亚，促进真正的联邦制发展以及维护国家的民主、和平、平等和法治。埃革阵中的提格雷人民解放阵线（以下简称"提人阵"）拒绝参与繁荣党，并强烈谴责解散埃革阵的行为。

②提格雷人民解放阵线（TPLF）

提人阵是原埃塞俄比亚执政党埃革阵的核心政党，并曾实际控制着埃塞俄比亚政权。提人阵成立于1975年2月18日，前身是1974年9月14日成立的提格雷民族进步人士协会（又称提格雷民族组织）。20世纪80年代中期，提人阵逐渐崛起，成为埃塞俄比亚最主要的反对门格斯图独裁统治的力量。1988年5月，以提人阵为核心的政治联盟埃革阵成立，并与一直争取厄立特里亚独立的厄立特里亚人民解放阵线（以下简称"厄人阵"）结盟。1991年，埃革阵领导的武装攻克首都亚的斯亚贝巴，门格斯图政权垮台，提人阵领导人梅莱斯出任过渡政府临时总统。2018年4月阿比出任埃塞俄比亚总理，并于2019年12月正式成立新执政党埃塞俄比亚繁荣党，把提人阵排除在外。此后，两党矛盾不断加剧。2020年11月，埃塞俄比亚联邦政府与提人阵主导的提格雷州暴发武装冲突。2021年5月1日，埃塞俄比亚部长委员会通过决议，将提人阵列为恐怖组织。

③团结民主联盟党（Coalition for Unity and Democracy Party，CUDP）

埃塞俄比亚主要反对党，由原反对党联盟团结民主联盟的4个成员党于2005年9月合并而成。该党反对现行联邦制度，主张土地私有化，反对政府在埃塞俄比亚、厄立特里亚边界问题上的立场。

④民主联邦主义联盟

奥罗莫族主导的主要反对党,由奥罗米亚州反对党奥罗莫解放阵线(Oromo Liberation Front,OLF)、奥罗莫联邦大会党(Oromo Federalist Congress,OFC)和奥罗莫民族党(Oromo National Party,ONP)3个成员党于2020年1月合并而成。奥罗莫族政治"网红"、知名媒体人贾瓦尔(Jawar Mohammed)也于2019年12月加入了该联盟成员党奥罗莫联邦大会党。有媒体分析,民主联邦主义联盟将是埃塞俄比亚现执政党繁荣党在奥罗米亚州的最主要竞争对手。

(7) 政情分析

埃塞俄比亚是非洲少数政局比较稳定的国家之一,但对比梅莱斯(1995—2012年)、海尔马里亚姆(2012—2018年)和阿比(2018年至今)的三届政府,埃塞俄比亚国内政治环境还是发生了比较明显的变化。尽管执政联盟代表了全国80%以上的人口,但其内部各党派势力并不均衡,导致民族矛盾不断显现,联邦政府对国家的控制力有所下降。

1991年,埃革阵开始执政,创建以民族区域自治为基础的联邦政体,以发展经济为重点,注重协调稳定、发展和民族团结三者之间的关系。1995年5月,埃塞俄比亚举行首次多党选举,埃革阵在选举中获胜,组成多党参加的联邦政府,梅莱斯任总理。2001年,埃革阵"四大"通过新党章、党纲,确立了各民族平等参与国家事务的"革命民主"和"资本主义自由市场经济"的政治经济发展方向。2005年5月,埃塞俄比亚举行第三次议会选举。埃革阵虽继续赢得政府组阁权,但议会席位流失近1/3。反对党以大选存在舞弊为由拒不承认选举结果,在首都等主要城市煽动暴力活动,后被政府平息。此后埃革阵努力推动政治与社会和谐,促进内部稳定,积极同反对党开展对话,大赦反对党领导人,巩固和加强农村地区的群众基础,基本实现政党和解;深化各项改革,加强能力和良治建设,并实施第二个五年发展计划,执政地位得到巩固。2008年4月,埃塞俄比亚举行联邦议会、地方各州议会及行政机关的补选和选举,埃革阵赢得绝大多数席位。2010年5月,埃塞俄比亚举行第四次多党议会选举,埃革阵及其友党获胜,反对党团仅获得一个议会席位。

提人阵一直是埃革阵的核心和国家政权的实际掌控者,梅莱斯任职期间对国家的军事和经济实现了高度控制。2012年8月,梅莱斯去世,其继任者海尔马里亚姆来自南方民族州,在提格雷人掌控的政治体系中,他的施政受到不少掣肘,军队和内阁实际还是主要由提格雷人领导管理。

2015年以来,埃塞俄比亚国内矛盾日益尖锐。

2015年5月，埃塞俄比亚再次举行全国大选，埃革阵及其友党获得议会人民代表院全部席位。10月，海尔马里亚姆再次出任总理，并任命新内阁。2015年11月以来，主要聚居在奥罗米亚州的奥罗莫人因征地拆迁等问题与政府意见不一，进而引发大规模示威活动，阿姆哈拉州的阿姆哈拉人随后也加入抗议活动，示威游行和骚乱造成重大人员伤亡和财产损失。2016年10月，埃塞俄比亚宣布进入为期6个月的国家紧急状态，采取多项措施维稳，并于2016年11月改组政府。2017年8月，埃塞俄比亚宣布解除持续了10个月的国家紧急状态。随后，索马里州和奥罗米亚州因边界纠纷发生严重族群冲突，导致数百人死亡，上百万人流离失所；奥罗米亚州和阿姆哈拉州也先后发生罢工罢市和大规模游行示威活动，部分地区再度出现骚乱。

2018年2月15日，海尔马里亚姆宣布辞去埃革阵主席和总理职务；2018年2月16日，埃塞俄比亚政府宣布再次进入为期6个月的国家紧急状态；2018年4月2日，埃塞俄比亚人民代表院任命埃革阵新任主席阿比·艾哈迈德为总理。阿比是埃塞俄比亚历史上第一位奥罗莫族领导人。阿比出任总理后，采取一系列措施努力缓解内外部矛盾。他积极调停民族矛盾，释放大批反对派政治人物和媒体异议人士，与国内外反对党密集进行政治对话，开放经济以增加私人投资，受到埃塞俄比亚各界普遍欢迎；他还推动与厄立特里亚达成和平协议，并因此获得诺贝尔和平奖。

2018年10月，阿比在埃革阵"十一大"上连任主席。但此后，埃革阵中的提人阵与其他分支党派的分歧愈加严重，多年来各民族之间的不平等和利益分配不均导致党派的矛盾激化，致使埃革阵最终走向瓦解。2019年，繁荣党成立，成为埃塞俄比亚新的执政党。

2020年3月，新冠肺炎疫情蔓延至埃塞俄比亚，执政党繁荣党政府表示，原定从2020年5月20日推迟至8月29日举行的大选可能因新冠肺炎疫情影响再度推迟，即大选将最晚于13个月后（即2021年6月后）举行。而提人阵则认为，大选应当如期举行，要求繁荣党立即结束"打着修宪幌子破坏宪法秩序"的行为。提人阵还重申，将致力于与所有政治意识形态相似的政党合作，拯救该国的联邦制。2020年5月，提人阵宣布提格雷州将在当年9月9日进行选举。提人阵认为联邦政府无法按期进行选举损害了公民的选举权和被选举权，而提人阵这一决定正是为了捍卫宪法赋予的选举权利。随后，繁荣党指责提人阵漠视宪法和人民安全，并表示联邦政府会采取一切必要措施阻止其独立开展选举。

2020年6月29日，埃塞俄比亚著名歌手、社会活动家哈卡鲁·洪德萨（Hachalu Hundessa）在首都亚的斯亚贝巴被不明袭击者枪杀。该事件引发埃塞俄比亚国内多地大规模示威游行和骚乱，造成200余人死亡，超过1000人被捕。为此，埃塞俄比亚政府关闭了全国大部分地区的互联网线路和电话网络长达一个月之久。由于埃塞俄比亚政府对于国内局势具有较强的控制能力，骚乱被较快平息，在随后的政府整肃活动中，联邦政府抓捕了包括奥罗莫解放阵线和奥罗莫国民大会党等反对党的多名政治人物，指责其资助和煽动暴乱。此外，政府还以失职渎职的名义抓捕了1700多名不同地区的政府雇员和负责人，其中500人是政府雇员，其余1200人是分区、街道的负责人。

2020年11月4日，总理阿比宣布，由于提人阵袭击了埃塞俄比亚国防军位于提格雷地区的基地并试图占领北方司令部，国防军开始对提格雷州的提人阵武装部队发动军事进攻。联邦政府部队一度控制提格雷州首府默克莱，但提人阵与国防军打起了游击战。埃塞俄比亚政府曾于2021年6月宣布单方面停火，但提人阵不予回应，并重新控制了默克莱。双方内战已耗时8个多月，但当地军事冲突仍然持续，未来局势走向仍不明朗。

2021年5月，埃塞俄比亚选举委员会宣布，因未打印好选票，以及未培训好汇编选民资料的工作人员，大选日期再次延迟。2021年6月21日，一波三折的埃塞俄比亚大选终于举行。2021年7月10日，埃塞俄比亚全国选举委员会公布了选举结果，执政党繁荣党赢得了人民代表院436个竞选席位中的410个席位而获得胜利，繁荣党获得组建内阁的资格。

目前来看，繁荣党在埃塞俄比亚议会中仍占据绝对优势，阿比在党内的领导地位也比较稳固。埃塞俄比亚大选最终得以顺利进行，没有像外界事先担心的那样受到国内外因素的干扰而走偏出岔，这既显示出埃塞俄比亚民众日益增强的政治参与意识，也证明了埃塞俄比亚政府良好的控局能力，预计埃塞俄比亚政局仍将在出现局部波动的情况下维持总体稳定。但另一方面，近年来埃塞俄比亚内外部危机不断，新冠肺炎疫情、提格雷冲突、复兴大坝分歧等问题，为埃塞俄比亚政局未来走势带来了较大不确定性。如何尽快摆脱新冠肺炎疫情影响，进一步缓和国内民族矛盾，营造可持续的和平与稳定的内外环境，集中精力发展经济改善民生，将是下一届政府所要面临的主要挑战。

3. 对外经济关系

（1）对外贸易

埃塞俄比亚是东南非共同市场（Common Market of

Eastern and Southern Africa，COMESA）和非洲、加勒比海和太平洋组织（Group of African, Caribbean and the Pacific Regian Countries，ACP）的成员国，享受美国《非洲增长与机遇法案》（*African Growth and Opportunity Act*，AGOA）、欧盟"武器除外的全面优惠安排"（Everything But Arms，EBA）以及中国"97%税目产品零关税待遇"。埃塞俄比亚加入了非洲大陆自贸区协定（African Continental Free Trade Area，AfCFTA），还在积极研究加入东南非共同市场自贸区。

作为COMESA成员国，埃塞俄比亚商品出口周边国家如苏丹、肯尼亚、吉布提和索马里等具备很多优势条件；其主要出口产品咖啡、鲜花在欧美已形成稳定的市场，同时其他产品出口欧美也可享受《非洲增长与机遇法案》和欧盟"武器除外的全面优惠安排"等优惠贸易协定免关税待遇；同时，由于地理位置关系，该国商品出口到中东地区也具有很多便利条件。埃塞俄比亚还是欧盟提供关税优惠的受惠国，根据2012年11月欧盟委员会公布的新的普遍优惠制（Generalized System of Preferences，GSP）方案，将埃塞俄比亚列为普惠制第一类国家。自2014年1月1日至2023年12月31日，对埃塞俄比亚等49个最不发达国家的进口产品实行免关税政策。

据埃塞俄比亚国家银行年报统计，2018—2019财年，埃塞俄比亚货物出口额 26.67 亿美元，较 2017—2018 财年同期下降 6%；进口额 151.12 亿美元，较 2017—2018 财年同期下降 0.9%；逆差 124.46 亿美元，同比上涨 0.2%。主要贸易伙伴有中国、科威特、印度、美国、土耳其、阿联酋、日本、德国、比利时、沙特阿拉伯等国家，中国是埃塞俄比亚第一大贸易伙伴。埃塞俄比亚主要出口目的地有索马里（9.7%）、荷兰（7.9%）、美国（7.3%）、沙特（6.9%）、中国（5.4%）、阿联酋（5%）；主要进口来源地为中国（26%）、科威特（11%）、美国（9.1%）、印度（8.2%）、

表 1-1　　　　2018—2019 财年埃塞俄比亚主要出口商品

排名	商品门类	出口额（亿美元）	占比（%）	同比增幅（%）
1	咖啡	7.64	28.7	-8.9
2	油籽	3.88	14.5	-8.4
3	恰特草	3.04	11.4	15.4
4	豆类	2.72	10.2	1.1
5	鲜花	2.57	9.6	12.3
6	皮革和皮革制品	1.17	4.4	-11.4
7	肉类及肉类制品	0.89	3.3	-12.8
8	果蔬	0.61	2.3	-0.9
9	电力	0.56	2.1	-30.8
10	活畜	0.46	1.7	-25.0
11	黄金	0.28	1.0	-72.1

资料来源：埃塞俄比亚国家银行。

表1-2　　　　　　2018—2019财年埃塞俄比亚主要进口商品

排名	商品门类	进口额（亿美元）	占比（%）	同比增幅（%）
1	资本货物	50.3	33.3	-4.5
2	消费品	42.7	28.3	-9.2
3	半成品	27.8	18.4	9.9
4	燃料	26.0	17.2	12.1
5	原材料	1.5	1.0	9.8

资料来源：埃塞俄比亚国家银行。

土耳其（4%）、阿联酋（3.6%）。埃塞俄比亚出口产品主要包括咖啡、油籽、恰特草、豆类、鲜花、皮革和皮革制品、肉类及肉类制品等。2018—2019财年，咖啡出口额7.64亿美元，油籽出口额3.88亿美元，恰特草出口额3.04亿美元，豆类出口额2.72亿美元，鲜花出口额2.57亿美元，皮革和皮革制品出口额1.17亿美元、肉类及肉类制品出口额0.89亿美元。

（2）外国投资

埃塞俄比亚把吸引外国直接投资作为经济发展战略的重要组成部分，并制定了相应的法律法规。埃塞俄比亚投资委员会是国内外投资的受理和审批机构，为投资者提供一站式投资审批服务。

埃塞俄比亚1992年颁布投资法，1996年、1998年和2002年几度修订。2020年9月，总理阿比主持审议通过新版投资法，这是该国第5次修改投资法。新的投资法对限制外国投资的领域更加明确，对外国投资与埃塞俄比亚本土企业合资的项目有了很大程度的开放，并且明确了外国投资者在与埃塞俄比亚投资者合资中允许拥有的股份比例。新的投资法还添加了对投资委员会受理申请时间的限制，以及有关投资纠纷、申诉处理程序的新规则。

新的投资法与以往最不同之处是取消了旧投资法中所列的允许外国人投资的行业，而是采用了类似"负面清单"的方式，明确规定——除了法规中所列的禁止外国投资者准入的行业，以及外国投资者必须与埃塞俄比亚投资者合资经营的项目，都允许外国投资者独立经营。

其一，与埃塞俄比亚政府共同投资的领域。新投资法规定，外国投资者允许与埃塞俄比亚政府共同投资以下5个领域：武器制造，用于制作武器的弹药和爆炸物；电力进出口；国际航空运输服务；公共汽车专用运输服务；邮政服务（不包括快递服务）。

其二，禁止外国人投资的领域。新的投资法专门为埃塞俄比亚投资者保留了32个投资领域，这些行业反映了政府在限制外国参与特定经济领域方面的持续政策，其中主要的是金融、媒体和法律服务、进口、批发和零售贸易。

其三，与埃塞俄比亚投资者合资的领域。新的投资法引入了外国投资者允许与埃塞俄比亚投资者合资的7个行业，并且限制外国投资者所拥有的股份不能超过49%。这些行业是：货运代理和货运代理服务；国内航空运输服务；乘坐载客量超过45人的公共汽车服务；城市大众运输服务；广告和促销服务；视听服务，电影和录像的制作与发行；会计和审计服务。值得关注的是，广告业、会计、审计等始终对外国投资者关闭的行业，在新的投资法中有了很大程度的放宽，而这些行业都属于利润高的热门行业。

其四，允许外国人投资的领域。新的投资法推翻了旧法规的一些禁令。例如，在医疗卫生服务投资领域，以前外国投资者只限于建造医院，而现在除了中小型卫生服务外，其他所有各级卫生服务都对外国投资者开放。此外，取消了对水泥制造、教育、管理咨询服务行业的限制。批发贸易与以前的政策一致，新的投资法也将批发贸易保留给埃塞俄比亚投资者，但石油和石油产品的批发以及在埃塞俄比亚制造的自有产品的批发除外。此外，新的投资法还第一次提到了电商批发贸易，并允许外国投资者从事通过电子商务进行的批发贸易。

新的投资法释放了一个积极的信号，即埃塞俄比亚将提供一个更加开放的投资环境，投资委员会也将拥有更大的权限管理外国投资。然而，新的投资法在某些政策上并未做详尽的说明，在执行的过程中还将涉及投资委员会内部的具体要求，而外国投资者更需要看到相关部门执行投资法的透明度。

近年来，埃塞俄比亚政府大力改善投资环境，"内生经济改革计划"（Home-grown Economic Reform Agenda）实施力度不断加大，具备吸引外资的良好条件，赴埃塞俄比亚投资的外国企业众多，农业、制造业、采矿业、旅游业及信息通信产业是重点领域。2018年以来，为缓解外汇短缺，进一步吸引外资，埃塞俄比亚允许国内外投资者购买此前长期由国有资本垄断的埃塞电信、埃塞航空、埃塞电力和埃塞航运和物流公司的股权，但埃塞俄比亚政府仍将控股上述国企。此外，埃塞俄比亚已允许铁路、糖业、工业园、酒店及其他国有制造业企业完全或部分私有化。可以看出，尽管目前埃塞俄比亚面临新冠肺炎疫情、提格雷冲突以及复兴大坝争端，并已在很大程度上对吸引外国投资产生了影响，但埃塞俄比亚政府一贯重视外国投资，既定策略不会轻易改变。

根据埃塞俄比亚国家银行的统计，2018—2019财年，埃塞俄比亚外国直接投资净流量为30.15亿美元，同比下降19%。另据埃塞俄比亚媒体披露，受新冠肺炎疫情影响，2019—2020财年，埃塞俄比亚吸引外国直接投资流量降至25亿美元。根据联合国贸易和发展会议发布的《2020年世界投资报告》，2019年，埃塞俄比亚吸收外资流量25.16亿美元，同比下降24%；截至2019年年底，埃塞俄比亚吸收外资存量249.23亿美元，是2010年的6倍。根据埃塞俄比亚投资委员会统计，截至2020年6月，在外国投资者中，中国企业投资的项目数量最多，其中已投产项目1001个，其次是印度、美国、荷兰、苏丹。按已投产项目投资金额排序，前5位依次为中国、沙特阿拉伯、土耳其、荷兰、印度。

(3) 外国援助

总理阿比自2018年4月上任以来，着力推进内生经济改革，开放私营部门投资，创造就业机会，力求解决外汇短缺和外债高企问题。为此，世界银行、国际货币基金组织等提供一揽子融资支持，用于支持埃塞俄比亚经济改革。据不完全统计，阿比上任两年来签署各类援助项目金额逾100亿美元。

从多边国际组织看，世界银行和国际货币基金组织于2019年12月承诺在未来3年内提供50多亿美元援助和贷款，以支持埃塞俄比亚内生经济改革。世界银行国际开发协会于2019年12月与埃塞俄比亚签署3.4亿美元无息贷款类特别提款权贷款协议，并于2020年上半年批准向埃塞俄比亚提供8.45亿美元资金支持（含赠款和优惠贷款）。国际货币基金组织于2020年4月在紧急融资计划项下为埃塞俄比亚提供近

4.11亿美元预算支持,以填补新冠肺炎疫情带来的预算缺口,并同意将埃塞俄比亚2020年到期的1200万美元债务延长至2022年4月。

从双边援助看,美国国际开发署于2020年5月与埃塞俄比亚签订2.3亿美元援助协议,该部门近五年已向埃塞俄比亚援助40亿美元,2019年共向埃塞俄比亚提供7.97亿美元援助,支持选举改革、人道主义、粮食安全等事业。欧盟于2019年年初表示将向埃塞俄比亚提供1.3亿欧元资金支持其就业增长、可持续能源和农业加工园区项目,在2019年表示将拨付1亿欧元无偿援助和直接预算支持用于人道主义援助、应对气候变化等,并于2020年发起"欧洲团队倡议"向埃塞俄比亚医疗行业提供4.87亿欧元抗疫资金。英国于2018—2019财年向埃塞俄比亚提供3.08亿英镑无偿援助,其中1.2亿英镑用于清洁用水和生产安全网项目,并于2019年5月提供1550万欧元无偿援助用于支持筹备大选,2020年4月,英国宣布向埃塞俄比亚提供2200万英镑抗疫援助。2020年,德国表示将向埃塞俄比亚提供1.2亿欧元抗疫支持,并曾于2019年对埃塞俄比亚提供7450万欧元无偿援助,用于推动就业和冲突解决等。2020年,法国开发署向埃塞俄比亚财政部提供4000万欧元预算支持,助力埃塞俄比亚抗疫。阿联酋于2019年7月和10月分别与埃塞俄比亚签订1

亿美元和3.7亿美元无偿援助备忘录，用以建设议会大厦等；2020年2月，阿联酋哈里发企业发展基金向埃塞俄比亚提供1亿美元优惠贷款。2020年上半年，韩国进出口银行向埃塞俄比亚提供两笔1.63亿美元优惠贷款。

（二）埃塞俄比亚经济发展评析

1. 经济结构特征

埃塞俄比亚经济由农业、工业和服务业三大板块构成。根据埃塞俄比亚国家银行年报，2018—2019财年，该国农业、工业和服务业三大产业占GDP的比重分别为34.5%、26.7%和38.8%，增长率分别为3.5%、12.2%和8.8%。近几年，埃塞俄比亚积极推动本国经济结构转型，对农业的依赖有所下降；相比之下，工业和服务业占GDP的比重较前几年有所上升。

农业和服务业是埃塞俄比亚国民经济和出口创汇的支柱产业。农牧民占总人口的85%以上，主要从事种植和畜牧业，另有少量从事渔业和林业。农产品出口占出口总额的80%左右，咖啡、油料等为主要出口产品；其中，咖啡产量居非洲前列，2017—2018财年产量35万吨左右，占世界产量的15%，出口量约为23.86万吨，年创汇超过8.4亿美元，约占埃塞俄比亚出口创汇的25%。近年来，埃塞俄比亚鲜花种植和出口大幅增长，出口额跃居非洲第二，2017—2018财年出口额达到2.29亿美元。埃塞俄比亚是畜牧业大国，2017—2018财年，埃塞俄比亚的肉及肉制品和活畜出口额达1.63亿美元。服务业是对埃塞俄比亚GDP贡献最大的部门。在服务业中，埃塞俄比亚航空公司贡献最大。该公司年报显示，2017—2018财年营业收入37亿美元，同比增长43%，创下历史新高；同期，该公司利润达到2.33亿美元，同比增加400万美元；载客数量1060万人次，同比增长21%。其次，旅游业也是埃塞俄比亚创汇支柱产业之一。埃塞俄比亚有3000年的文明史，旅游资源丰富，有7处遗迹被联合国教科文组织列入《世界遗产名录》。2017年，埃塞俄比亚接待入境旅客91.8万人，对GDP的直接贡献为20.5亿美元。

埃塞俄比亚工业基础相对薄弱，2010年开始推进以农业发展为先导的工业化战略，工业在该国第一个五年计划——即《埃塞俄比亚增长与转型计划2010/11—2014/15》（*Growth and Transformation Plan*，GTP-Ⅰ）期间达到了年均20%的增长速度。《埃塞俄比亚增长与转型计划2015/16—2019/20》（GTP-Ⅱ）旨在进一步推动工业化进程，工业占GDP的比重从2013—2014财年的13.8%增至2018—2019财年的26.7%，工业化发展取得明显成效。但经济结构转型也遇到不少挑战。工业板块的增长主要是由建筑业驱动，主要体现在道路、铁路、大坝以及房屋建设方面的扩张；而制造业表现相对不佳，这主要是因为吸引质量高的出口导向型投资企业的数量不够、重视程度不高，配套鼓励政策及激励措施不足，同时现有制造业企业的生产力及竞争力明显不足，制造业出口以低附加值产品为主，多为基础性或低质量产品，产品单一，议价能力低，产品类型及目标市场匮乏，容易受到世界经济波动的影响以及买家的讨价还价，制造业出口表现较为低迷。

2. 经济增长走势（2010 年至今）

2010 年以来，埃塞俄比亚积极争取国际援助，吸引投资，促进出口，努力克服外汇短缺等经济发展的瓶颈问题，坚决推行税制改革，打击偷税漏税，总体经济发展态势良好，通货膨胀问题有所缓解。据世界银行统计，过去十多年间，埃塞俄比亚经济持续保持高速增长，长期位居全球经济增长最快的 10 个国家行列。2018—2019 财年，埃塞俄比亚 GDP 约为 961 亿美元，增长率为 9.0%。

表 1-3　　　　　2014—2018 年埃塞俄比亚经济增长情况

财年	GDP（亿比尔）	GDP 增长率（%）	人均 GDP（美元）	人均 GDP 增长率（%）
2014—2015	6920	10.4	725	14.4
2015—2016	14494	109.5	815	12.4
2016—2017	15965	10.1	876	7.5
2017—2018	17195	7.2	883	0.8
2018—2019	18747	9.0	985	11.6

资料来源：埃塞俄比亚国家银行。

受新冠肺炎疫情影响，防控措施及进出口受阻使埃塞俄比亚经济遭受严重冲击。一是新冠肺炎疫情防控直接导致医疗支出增加、居民收入减少。病毒检测、免费治疗使得政府预算外支出大增。停工、隔离等措施造成居民收入的损失，已出现"一人失业，全家挨饿"的困境。二是经济活动减少、进口萎缩带来政府收入下降。据国际金融公司（International Finance Corporation，IFC）保守估计，因新冠肺炎疫情影响，埃塞俄比亚进口税损失预计为 383 亿比尔（约合 11 亿美元），国内间接税损失预计为 43 亿比尔（约合 1.2 亿美元），所得税、营业利润税和其他直接税收入损失预计为 17.4 亿比尔（约合 5000 万美元），来自非税收入的损失估计为 15 亿比尔（约合 4300 万美元）。三是中小企业面临倒闭的风险加大。新冠肺炎疫情暴发仅一个季度，埃塞俄比亚 162000 家中小型企业中，已有较大一部分面临生存压力。研究表明，埃塞俄比亚有

14%的企业无法生存一个月以上。

各方显著下调对埃塞俄比亚经济增长的预期。据国际货币基金组织《2021年全球经济展望》报告预测，埃塞俄比亚2021年GDP增速将由2020年的6.1%进一步下滑至2%，但在2022年有望大幅回升至8.7%。埃塞俄比亚2020年债务占GDP的比重将达到56.9%，外债占GDP比重将达到29.9%。埃塞俄比亚政府将2020年经济增长预期从此前的9%下调至6%。埃塞俄比亚国家计划和发展委员会认为，服务业、制造业和建筑业是受新冠肺炎疫情影响最严重的部门。埃塞俄比亚经济协会初步预测，如果新冠肺炎疫情持续3—6个月，埃塞俄比亚可能遭受2000亿比尔的经济损失，经济增长率将下滑9.9%。如果新冠肺炎疫情持续一年，贫困率将从22.1%上升到38.4%，近一半的人口将陷入极端贫困。

埃塞俄比亚政府已出台应对措施来刺激经济发展。从2020年3月起，埃塞俄比亚政府连续三次出台针对新冠肺炎疫情的经济纾困和刺激计划，主要包括以下五个方面：一是提高个税门槛，免除滞纳税金的利息和罚息，延长企业增值税和营业税的缴税期等。二是安排210亿比尔（约合6.3亿美元）的资金，支持银行解决流动性资金短缺问题。三是为受新冠肺炎疫情影响的企业提供周转资金，提高移动汇款限额。四是适当放宽中央银行的不良贷款的规定，对于像园艺、酒店和旅游业等受新冠肺炎疫情影响严重的行业，允许银行重新安排贷款。五是取消对花卉等出口产品的最低价格限制。埃塞俄比亚政府还宣布了150亿比尔的私营部门刺激计划。汇率方面，IMF敦促埃塞俄比亚对本国货币进行贬值，同时要求政府密切监测新冠肺炎疫情对金融市场稳定性的影响。IMF表示，"贬值有助于对高估的实际汇率进行修正，并在危机期间起到减震器的作用"。对此，埃塞俄比亚政府强调将继续致力于缩小与平行市场汇率的差距，最终转向市场清算汇率，同时将继续推进经济改革。

当前新冠肺炎疫情使得埃塞俄比亚经济出现短暂困难，但国际社会对埃塞俄比亚积极提供了各种形式的救助和支持，加之埃塞俄比亚本国出台的经济刺激政策，在新冠肺炎疫情得到控制后，经济有望重新回到发展轨道。例如，德国于2020年3月与埃塞俄比亚签署了1亿欧元的无偿援助协议，用于支持埃塞俄比亚实施改善投资环境和金融服务、向私营经济主导的方向转型。世界银行于2020年4月批准8200万美元的无偿援助和贷款，用于帮助埃塞俄比亚提升抗击新冠肺炎疫情的能力、缓解新冠肺炎疫情对经济的负面影响。IMF于2020年4月与埃塞俄比亚政府达成协议，将在其紧急融资计划(Emergency Financing Facility,

EFF）项下为埃塞俄比亚提供近4.11亿美元支持，以填补新冠肺炎疫情带来的预算缺口。

表1-4 2016—2020年埃塞俄比亚宏观经济情况

经济指标	2016年	2017年	2018年	2019年	2020年
GDP总量（亿美元）	722.00	768.00	802.00	926.00	966.00
人均GDP（美元）	696.91	721.80	735.35	826.79	840.00e
GDP增速（%）	9.40	9.50	6.80	8.40	6.10
通货膨胀率（%）	7.30	10.90	13.80	15.80	20.30
商品出口（亿美元）	28.11	30.30	27.05	27.46	32.53
商品进口（亿美元）	147.28	142.36	137.26	130.56	117.62
经常账户余额（亿美元）	-79.06	-59.29	-46.11	-50.25	-27.19
外汇储备（亿美元）	30.31	30.46	39.87	29.93	30.46
外债余额（亿美元）	237.96	266.57	280.27	282.88	305.34e
汇率（1美元兑本币数量）	21.73	23.87	27.43	29.07	34.93

资料来源：EIU Countrydata，其中e表示该数据为估计值。

3. 经济发展战略分析

埃塞俄比亚基础设施建设落后，严重制约了国民经济的发展。埃塞俄比亚充分借鉴中国发展经验，实施以经济建设为中心、制定以农业和基础设施建设为先导的发展战略。2010年9月，埃塞俄比亚政府借鉴中国的五年计划，制定并通过了《增长与转型计划2010/11—2014/15》（GTP-Ⅰ），提出"建设一个现代高效的农业和工业起主导作用的经济；保持经济发展和保障社会公正；提高人均收入以达到中等收入国家的水平"的长期规划，并明确了四个主要目标，即：维持11%的GDP最低平均增长率并实现千年发展目标；扩大和保证教育质量和健康服务以实现千年发展目标中社会领域的目标；通过创立稳定的民主和社会发展，为国家建设创造有利条件；通过实现为稳定宏观经济体系的上述所有目标，确保经济稳定增长。

2015年10月，埃塞俄比亚在总结GTP-Ⅰ的基础上，制定并启动实施第二个《增长与转型计划2015/16—2019/20》（GTP-Ⅱ），除了继续推动GTP-Ⅰ目标领域的发展外，重点推动工业化、基础设施建设和农业发展。GTP-Ⅱ明确了农业、制造业、采矿业、建筑业、城市发展和住房、贸易、文化和旅游7个经济部门的发展规划。埃塞俄比亚政府计划在五年内努力实现经济结构调整，力争把工业占GDP的比重由2014—2015财年的15.1%提高至2019—2020财年的22.3%，同时适当降低农业和服务业的比重。为实现该目标，埃塞俄比亚政府重点发展工业部门中的7大制造业领域，包括：纺织和服装业，皮革和皮革制品行业，金属和机械工程行业，肉、乳制品和蜂蜜加工行业，化工和建材行业，农业加工行业和制药工业。埃塞俄比亚希望依靠上述行业的发展来增加外汇收入，以解决其外汇短缺问题。2018年6月，埃塞俄比亚新政府对 GTP-Ⅱ 执行两年半以来的情况进行了评估，并根据评估结果适当调整了执行政策。

2019 年，埃塞俄比亚政府在世界银行和国际货币基金组织的支持下，制订了为期 3 年的内生经济改革计划（Home-grown Economic Reform Agenda），力求通过改善营商环境，缓解宏观经济失衡问题，聚焦发展农业、矿业、制造业、ICT 和旅游业等行业领域，并通过大型国有企业的私有化和开放更多领域吸引更多外资，同时改善对私营部门的贷款状况以促进其发展和创造就业，努力解决通胀问题和减少外债负担。为此，埃塞俄比亚成立了经济改革小组，负责制定经济改革的具体计划。埃塞俄比亚政府确定电力、糖业、物流、铁路、电信和航空六个私有化优先领域，并将电信、糖业作为私有化重点，研究推动电信产业的全面开放以及糖业的全面私有化和合资安排。

2020 年，埃塞俄比亚计划和发展委员会开始制定未来十年的国家发展规划，其目标是实现高质量的经济增长、扩大生产并增强竞争力、建立绿色环保和气候友好型经济、推进机构改革、确保女性和青年享有公平机会，保障私营部门主导经济增长。根据新规划，埃塞俄比亚的国家经济将在未来十年保持年均 10.2% 的增长率，民众生活水平大幅改善。

总体而言，埃塞俄比亚政府下一步将通过重点发展四大领域实现本国经济发展：一是农业领域，包括农作物、咖啡、棉花及畜牧业的现代化发展，自然资源保护利用如城市土地管理、流域管理及小范围灌溉扩张等，食品安全、疾病控制及预防，农业设备投入等；二是工业领域，包括制造业、建筑业及矿业资源开发；三是城市现代化领域，包括道路、电力、铁路、公路、能源、电信及住房等领域投资；四是私营经济部门，包括加大对中小企业的资金支持力度等。

从埃塞俄比亚发展规划和经济现状综合来看，埃塞俄比亚目前的经济发展处于以农业为支柱产业、服务业为重要支撑、不断扩大工业化发展的过程中，其农牧业资源丰富，但出口主要以低附加值的农产品和原材料为主，下一步，配合工业化进程提升附加值是农业产业升级的主要方向。工业作为埃塞俄比亚政府近十多年以来的优先发展领域，现阶段还主要是靠大型基础设施建设投资拉动，实际工业生产力及竞争力较弱，面临技术不足和进口依赖，以及物流、电力和金融服务配套支持不足等问题。对埃塞俄比亚来说，制造业是可行的、能够促进就业及减贫、实现经济结构转型的关键领域。工业化必将是未来埃塞俄比亚发展的重要方向，制造业板块仍将是埃塞俄比亚政府经济政策的重点，在所有行业中处于优先发展地位，工业园区和铁路沿线的工业发展将继续成为埃塞俄比亚发展的核心议题。此外，以贸易、交通、电信、酒店和餐饮行业为主要驱动的服务业近年来保持了较快增长，旅游业也可能成为潜在的增长点。

二　埃塞俄比亚行业分析

（一）埃塞俄比亚行业发展现状及规划

1. 埃塞俄比亚行业划分及分类标准

埃塞俄比亚国民经济行业总体上可以划分为农业、工业和服务业三大产业。埃塞俄比亚在 GTP 中，根据可持续发展理念，明确了对其经济结构转型有重大影响的三大产业的重点领域，并为这些领域设定了发展规划。这些重点领域分别为：花卉行业、畜牧业、自然资源保护与开发、食品安全、防灾备灾；工业中的大中型制造业；贸易行业、矿业、建筑业以及城市发展和住房业。

2. 埃塞俄比亚重点行业发展现状及规划

（1）农业

埃塞俄比亚地理具有多样性，发展多样化农业的潜力巨大。农业是国民经济和出口创汇的支柱产业，约占埃塞俄比亚GDP的1/3。农牧民占总人口的85%以上。全国农用耕地面积16.5万平方公里，以小农耕作为主，技术水平、机械化程度低，灌溉等基础设施建设落后。近年来，因政府取消农产品销售垄断、放松价格控制、鼓励向农业生产发放小型贷款、加强农技推广和化肥使用，粮食产量有所上升。经济作物有咖啡、恰特草、鲜花、油籽和干豆等。农产品出口占出口总额的80%左右，咖啡、油籽、鲜花等为主要出口产品；其中，咖啡产量居非洲前列，2019—2020财年产量为44万吨左右，居全球第五，出口量约为27.1万吨，年创汇超过8.5亿美元，约占埃塞俄比亚出口创汇的28.2%。近些年，埃塞俄比亚鲜花种植和出口大幅增长，出口额跃居非洲前列，2019—2020财年出口额达到4.4亿美元。埃塞俄比亚鲜花以花朵大、花期长、花茎长而受到国际市场的青睐；甘蔗的种植和综合利用也极具潜力，政府计划把埃塞俄比亚打造成为非洲最大的蔗糖生产和出口基地；棉花也是埃塞俄比亚的重要农产品，棉绒较短，适合纺织牛仔布。

埃塞俄比亚是畜牧业大国，适牧地占国土一半以上，主要分布在东部和南部低洼地区，为雨水施给型，以家庭放牧为主，但由于缺乏管理，抗灾力低，易受干旱和瘟疫的影响。埃塞俄比亚畜存栏量高，据埃塞俄比亚政府估算，牛存栏量为5600万头，羊为4900万头，家禽4500万只，牲畜存栏量居非洲第一、世界第十位。此外，年捕鱼潜力约4万吨，但尚未进行商业开发。2019—2020财年，埃塞俄比亚肉及肉制品和乳制品出口额达7200万美元。

在第一阶段的GTP中，农业是埃塞俄比亚经济增长的主要来源，农业生产总值年均实际增长6.6%，但这一增速与8%的年均增长目标相比仍有1.4个百分点的差距。就结构变化而言，农业及相关活动占GDP的比重在GTP-Ⅰ开始时（2009—2010年）约为42%，到2015年年底下降至近39%。农作物和牲畜业分别占27.4%和7.9%，剩余部分是林业和渔业。农业占比的下降表明埃塞俄比亚的经济结构正在从农业向工业化转型。在GTP-Ⅱ中，埃塞俄比亚农业发展目标中预计农业产业占GDP的比重将下降至25%，但总产值要翻倍。为实现既定目标，埃塞俄比亚制定了一系列战略方向：一是进一步加强小农户作物和畜牧业的发展；二是全面支持青年从事农业生产；三是继续对国内和国外投资者提供必要的支持，主要推动农作物、花卉、蔬菜和水果以及畜牧业的发展；四是进一步开展农业生态开发区的规划和建设；五是采取综合措施，引进和提高农业相关技术。

（2）工业

埃塞俄比亚工业制造业水平低，基础薄弱，配套设施差，工业门类不齐全，结构不合理，零部件、原材料依靠进口，制造业以食品、饮料、纺织、皮革加工、钢铁和汽车组装为主，集中于首都亚的斯亚贝巴周边。皮革是第七大出口产品，2018—2019财年出口额达1.17亿美元。近几年，埃塞俄比亚形成了数个大型集团企业，但总体规模和实力有限。2010年10月，埃塞俄比亚开始实施首个五年《增长与转型计划》（GTP-Ⅰ），以农业发展为经济的主要来源，同时实施以工业为主导的经济发展战略，鼓励发展出口导向型和进口替代型工业。2015年10月，埃塞俄比亚在总结GTP-Ⅰ的基础上，制定并启动实施第二个五年《增长与转型计划》（GTP-Ⅱ），在工业化方面重点依托工业园建设战略。2018—2019财年，埃塞俄比亚工业产值同比增长13.3%，在GDP中的占比进一步提高至28.1%。建筑业和制造业为工业支柱产业。

在GTP-Ⅰ中，工业部门的GDP年均增长率为20%，这表明该部门设定的目标已基本实现。在工业部门中，大中型制造业增加值的年平均增长率为19.2%，小微企业的年平均增长率为4.1%。到该计划末期，工业部门在GDP中所占的比例达到了15.1%（制造业4.8%，建筑业8.5%，水电业1.0%和采矿业0.8%），但未达到计划预期要实现的18.8%的目标。这表明埃塞俄比亚实现经济快速结构转型仍存在较大挑战。制造业的增长表现是经济结构转型程度的关键指标，而制造业并未按计划实现目标。小微企业的增长表现不佳以及大型制造业项目的实施延迟是导致整个制造业增长缓慢的主要原因。同时，工业部门的增长在很大程度上是受到建筑子行业的推动。埃塞俄比亚政府在GTP-Ⅱ中将努力实现经济结构调整作为重要导向，力争把工业占GDP的比重由2014—2015财年的15.1%提高至2019—2020财年的22.3%，同时适当降低农业和服务业的比重。

①纺织和制衣。在GTP-Ⅰ中，纺织和制衣业子行业的出口收入为9810万美元，与基准年相比有显著改善，但远低于计划预期设定的10亿美元的目标。在该子行业中，埃塞俄比亚计划创造4万个就业机会，但仅实现了目标的50%。在GTP-Ⅱ中，计划要加强纺织和制衣业在创造就业和经济结构转型中的作用，通过提高该子行业的生产能力、劳动生产率、质量和竞争力，吸引更多的优质投资，确保可持续投资进入埃塞俄比亚，建立牢固的投入和市场联系，显著提高出口绩效，埃塞俄比亚计划在GTP-Ⅱ期末之前制造价值21.8亿美元的产品，并实现7.79亿美元的出口收入。到2019—2020财年，该子行业的平均产能利用率将达到80%。在就业方面，该子行业将创造17.4万个就业机会，并计划在收官之前将该子行业的碳排放

减少25%。

②采矿业。在GTP-Ⅰ中，矿业部门的重点是通过加强基础地球科学和矿产勘探信息的生成和传播，以创造该部门对国家整体经济发展的有利条件，从而促进投资和扩大投资，尤其是针对私营企业的投资。与此相应，基本的地球科学地图覆盖率（比例为1∶250000）从2009—2010财年的34%增加到2014—2015财年的63%。同期，地质测绘覆盖率从51%增加到82.4%。同样，同期的水文地质制图和地质灾害研究分别从42.0%和9.6%扩大到79.0%和29%。在该计划期间，工业和金属矿产勘探和评估的潜在区域（比例为1∶50000）从48%增加到73%。总体而言，在实施GTP-Ⅰ的五年中，不同企业和个体采矿者出口矿物额约26.2亿美元。此外，为了提高手工采矿者的生产技能和生产率，政府还提供了有关改进采矿技术的培训、现代设备的供应、环境保护和销售方面的培训。为了从经济上增强包括妇女在内的手工采矿者，政府提供了支持，将经营者组织成采矿合作社以及微型和小型企业。这些行动扩大了民众在该部门的就业机会，并提高了手工采矿者的收入。

在GTP-Ⅱ中，采矿业的目标主要集中在增加工业原料的生产，增加出口收入和改善该部门的税收收入等方面，计划将现代和手工制金系统从2014—2015

年度的 9053.53 公斤增加到 2019—2020 年度的 25370 公斤，同时将外汇收入从 3.473 亿美元增加到 20.11 亿美元；计划到 2020 年年底将年度矿产收入从 2014—2015 年度的 1.53 亿比尔增加到 5.704 亿比尔。关于矿产普查方面，计划在 GTP-Ⅱ 结束之前将覆盖范围从 55.5% 增加到 100%。在乙醇和 6 个生物柴油加工生产方面，将建厂并生产约 12.88 亿升生物乙醇和 2.12 亿升生物柴油，同时，全面开展对石油及石油副产品提取、储存、进出口、分配和运输活动的监督和监管工作。此外，还计划在 GTP-Ⅱ 中矿业相关领域创造约 795388 个就业机会。

（3）旅游业

埃塞俄比亚有 3000 年的文明史，旅游资源丰富，文物古迹及野生动物园较多，7 处遗迹被联合国教科文组织列入《世界遗产名录》，号称"13 个月阳光"的国家。2004 年，埃塞俄比亚成为中国公民出境旅游目的地国家。为促进旅游业发展，埃塞俄比亚政府采取扩建机场、简化签证手续、加强旅游基础设施建设等措施，推动埃塞俄比亚成为非洲十大旅游国之一。2017 年，埃塞俄比亚接待入境旅客 91.8 万人，较上年同期增加 4.9 万人，对 GDP 的直接贡献为 20.5 亿美元。2017 年，旅游业直接收入占埃塞俄比亚 GDP 的比例已由十年前的 1% 上升至 2.7%。2018 年，旅游业对埃塞俄比亚的经济贡献为74亿美元，提供220万个就业岗位。2019年以来，埃塞政府重点打造亚的斯亚贝巴"团结公园""河岸绿色发展"和恩托托山公园等旅游项目，进一步发展旅游业。2020年6月，《福布斯》杂志把埃塞俄比亚评为新冠肺炎疫情结束之后最值得出游的七个国家之一。

(4) 基础设施建设

①公路。公路运输是埃塞俄比亚最主要的陆路运输方式，全国公路覆盖率约为70%。2018—2019财年年末，埃塞俄比亚公路网总里程达13.81万公里，较上年增加9%；其中，国家级公路2.87万公里，乡村公路3.09万公里，城市公路2.27万公里，县级公路5.58万公里。国家级公路中，沥青公路1.59万公里（占比55.4%，含85公里高速公路），砂砾铺装公路1.28万公里（占比44.6%）。道路密度为125.6公里/千平方公里公路，每千人拥有1.26公里。2018—2019财年年末，埃塞俄比亚政府投入373亿比尔进行道路建设和维护，投入较上年增长12.6%。根据埃塞俄比亚GTP-Ⅱ设定的目标，2019—2020财年年末，埃塞俄比亚全国公路通车里程将达22万公里。

目前，埃塞俄比亚利用中国融资的第一条收费高速公路——亚的斯亚贝巴至阿达玛高速公路已投入使用，正在建设的第二条高速公路——莫焦至哈瓦萨公路也使用了部分中国融资，有中资企业参与建设。未来十年，埃塞俄比亚政府计划大规模建设沥青公路，实现国内各区域的互联互通，还计划修建与周边国家联通的跨境公路和其他基础设施，包括埃塞俄比亚—肯尼亚、埃塞俄比亚—南苏丹等公路，以深化与周边各国的联系。

②铁路。埃塞俄比亚境内的亚的斯亚贝巴—吉布提老铁路已报废，无法使用。根据埃塞俄比亚铁路规划，计划以首都亚的斯亚贝巴为中心，建设约200公里铁路，分别连接吉布提、肯尼亚等国家。目前，亚的斯亚贝巴—吉布提电气化铁路项目已经完工并于2018年1月1日正式投入商业运营。亚吉铁路沿线共设19座车站，配备了1171辆货车和客车，货车的单次运输能力超过3500吨，每列客车可运载113—168名乘客，项目建设期间为埃塞俄比亚提供了16000个工作岗位。

③空运。埃塞俄比亚的航空业发展迅速，全国共有40多个机场，其中亚的斯亚贝巴、迪雷达瓦和巴赫达尔为国际机场。亚的斯亚贝巴宝利国际机场是东部非洲的空运中心，曾多年被评为"非洲最佳机场"，向15家航空公司提供地勤服务。埃塞俄比亚航空公司成立于1945年，营业收入和利润长年居非洲航空公司之首，多次获得"非洲最佳航空公司"奖项。截至

2020年8月，埃塞俄比亚航空公司共拥有126架飞机，国际航线100余条，国内航线21条，安全系数、管理水平和经济效益均佳。但受新冠肺炎疫情影响，目前埃塞俄比亚航空正常运营的航线仅有40余条。

④水运。埃塞俄比亚所有海运业务均由国有埃塞俄比亚船运物流公司垄断经营，该公司现有11艘船，总吨位48.4万吨。埃塞俄比亚曾以厄立特里亚的阿萨布、马萨瓦港为主要港口。2016年，埃塞俄比亚和厄立特里亚发生边境冲突后，埃塞俄比亚进出海运货物全部通过吉布提港，使用该港90%的吞吐能力。2018年两国关系正常化后，埃塞俄比亚积极推动重新使用厄立特里亚的港口。

为进一步提高物流效率，为经济发展提供更有力的运输保障，除吉布提港口外，埃塞俄比亚计划加强对厄立特里亚、肯尼亚、索马里和苏丹等国港口的利用率。根据埃塞俄比亚政府的规划，将建设从首都到内罗毕的高速公路，以加强对蒙巴萨港的使用，进一步拓展与东共体市场国家的贸易往来；改善通往苏丹的公路，更大规模地利用苏丹港进口石油产品和化肥。

⑤电力。因地处东非高原，埃塞俄比亚水电资源丰富，电力基本来自水电和风电、光伏和地热能。埃塞俄比亚电力供应足以满足本国需求，但由于配电网

络老化，经常发生断电现象，且部分工业园区地理位置偏远，配套电力建设往往不到位，影响了企业投资进度。截至2020年4月，埃塞俄比亚总装机容量为4206兆瓦。2018—2019财年，埃塞俄比亚全年发电量138亿千瓦时，其中95.5%来自水电，4.2%来自风电，0.3%来自生物质燃料。目前，埃塞俄比亚正积极建设装机容量达5150兆瓦的复兴大坝水电项目。此外，埃塞俄比亚政府还积极开发地热、风电和太阳能等新能源，可进一步增加埃塞俄比亚的电力供应，尽快建成区域电力中心。

埃塞俄比亚在电力建设和电网互通方面已成为非洲各国样板。目前，埃塞俄比亚电网与苏丹、吉布提和肯尼亚联通，并开始向上述国家出口电力。未来，埃塞俄比亚还将向埃及、坦桑尼亚和南苏丹等国家出口电力。2019—2020财年，电力出口为埃塞俄比亚带来约6640万美元外汇收入。

埃塞俄比亚在GTP-Ⅰ中，计划将国家的发电能力从2009—2010年度的2000兆瓦增加到计划期末的8000兆瓦。到2015年，总发电量实际达到4180兆瓦，达到预期的52%。埃塞俄比亚大复兴大坝（6000兆瓦），GBⅢ水电站（1870兆瓦）和风力发电项目是GTP-Ⅰ的特色。Fincha Amertinesh水力发电项目，Ashegoda和Adama I风力发电项目是GTP-

Ⅰ期间已投入运营的一些项目。此外，在进行中的电力项目中，复兴大坝项目和 Genale Ⅲ（254 MW）已分别完成 40% 和 65%。在 GTP-Ⅰ实施期间，输电线路的总长度从 2009—2010 年度的 11440 公里增加到 2014—2015 年度的 16018 公里，高于 17000 公里的目标，新增传输线 4578 公里。

埃塞俄比亚在 GTP-Ⅱ中，计划到 2020 年前将国家的发电能力从 2015 年的 4180 兆瓦增加到 17208 兆瓦；其中水电计划发电 13817 兆瓦，风电计划发电 1224 兆瓦，太阳能发电 300 兆瓦，地热发电 577 兆瓦，备用燃料（燃气轮机）509 兆瓦，垃圾发电 50 兆瓦，糖发电 474 兆瓦，生物质发电 257 兆瓦。到 2020 年年底，将国家的能源生产能力从 2015 年的 9515.27 吉瓦时（GWH）增加到 63207 吉瓦时（GWH）；将电力覆盖率从 2014—2015 年度的 60% 增加到 90%；将消费者数量从 2014—2015 年度的 231 万人增加到 695.5 万人；将输电线路的总长度从 2014—2015 年度的 16018 公里增加到 21728 公里，其中将 500 千伏高压电网增加到 1240 公里，400 千伏电网从 2015 年的 1397 公里增加到 2137 公里，230 千伏/132 千伏和 66 千伏电网从 2015 年的 13383 公里增加到 18351 公里，以此减轻电源中断和功率损耗问题。

（二）埃塞俄比亚差别化行业管理政策

1. 差别化行业管理政策

（1）主要优惠政策

埃塞俄比亚政府积极推进工业化，不断放宽投资政策，改善投资环境，加强投资服务和管理，为鼓励外国投资者投资，采取了一些差别化管理政策。主要优惠政策包括以下 4 个方面。

①关税减免

为鼓励私人投资并引入国外资本和技术，投资者在以下领域建设新厂或扩大既有企业规模的可享受免税：制造业、农业、农产品加工业、发电、输供电、信息通信技术、旅游业、工程承包、教育培训、星级酒店、特色餐厅、建筑工程咨询、技术测试分析、货物租赁、液化石油气和沥青进口等。

所有法定生产资料如机器、设备和建筑材料享有关税及其他进口税的 100% 豁免权。享有海关关税豁免权的投资者享有以下优惠：如其从事制造业和农业，享有完全的无限期免税优惠；如其从事其他行业，免税优惠期为五年；享有海关关税豁免权的投资者如从本地购买生产资料，享有退返对生产此类商品的原材料或零部件所征关税的优惠；上述免税物资入境后可转让给其他享受同等优惠权的投资者。

②所得税减免

制造业投资可享受1—6年的所得税减免，如果在偏远地区投资，还可以额外获得3年的所得税减免。如投资者扩大或升级既有企业，且扩大和升级后的产能或提供服务能力较前提升50%，或引进一条新生产线且之后的产能或提供服务能力提升100%，则有权享受2—9年免税期；产品或服务至少60%用于出口的企业或为此类出口商提供生产服务的企业，亦可享受额外2年所得税免征优惠。工业园开发商可享受10年所得税减免，入园企业可额外享受2年所得税减免。

③出口鼓励政策

所有出口商享有以下财政激励措施：除少数产品（如半成品兽皮加工）外，所有出口产品不征收出口税；退税机制：投资者为生产出口商品而进口的或在本地购买的原材料享受免除关税及其他税收优惠。所征关税及其他赋税将在产品完成出口时100%返还给投资人；凭证机制：凭证是指具有货币价值的纸质印制文件，可用于支付原材料进口关税和其他税收；保税工厂和保税加工仓库机制：生产范围不符合凭证制度、但属于经批准的从事进口原材料的保税工厂或保税仓库，同样享有免关税待遇。

非财政激励措施出口商可享有的非财政激励措施

包括：允许出口商在银行账户存储不超过其企业外汇收入总额20%的资金，用于企业未来经营，国家银行不会对出口价格进行任何限制；从事出口加工的企业可以通过"指定处货款交换"（Franco Valuta）方式进口原材料；出口商可从出口信贷担保计划中获益，以确保其货物运抵海外客户而对方没有履约时能收到货款，降低出口商经营风险，保持价格竞争力。

④外汇管制下的资本汇出

埃塞俄比亚属于外汇管制国家。埃塞俄比亚当前外汇储备较为紧张，严格规定外汇账户的使用用途，限制私人携带的外汇数量，短期内采取了一些临时性外汇管制措施。但中长期看，随着国民经济的稳定增长，对外开放程度进一步扩大，未来出口创汇能力不断增强，埃塞俄比亚的外汇管制措施有可能逐步放松。此外，埃塞俄比亚投资委员会规定，外国投资者有权使用可兑换外币向境外汇出利润和股息、外部贷款本金和利息、涉及技术转让协议的支付款项、企业出售或清算所得收入、支付给投资者的补偿，以及向国内投资者出售、转让股份或部分企业所有权所得收益。但由于埃塞俄比亚外汇长期短缺，实际汇出时需等待较长时间。

(2) 行业鼓励政策

根据投资领域、地理位置，投资者可享受免征所得税 1—9 年的优惠。如免税期间发生亏损可结转。鼓励投资的行业和领域包括：①制造业：食品工业；饮料行业；纺织和纺织制品业；皮革及皮革制品业；木制品业；造纸及纸制品业；化学及化学制品业；基础药物产品和药物制剂工业；橡胶和塑料制品业；其他非金属矿物制品业；基本金属行业；金属制品加工业；计算机；电子及光学产品业；电子产品业；机械及设备行业；车辆、拖挂车和半挂车行业；办公和家用家具制造；其他设备（珠宝及相关物品、乐器、运动器械、游戏和玩具及类似产品）的制造；与农业相关的综合制造业。②农业：农作物生产；畜牧生产；混合养殖（农作物和动物）；林业。③信息和通信技术。④发电和输配电业。

2. 埃塞俄比亚特殊的行业管理政策

(1) 工业园发展战略

工业园区是指由相应部门指定、具有明显界限、以发展综合性、一体化、单一或多种商品生产为目的的工业生产基地。包括经济特区、科技园区、出口加工区、农业加工区、自由贸易区及由埃塞俄比亚投资委员会指定的其他类似区域。工业园区的发展目标主要包括鼓励私营部门参与制造业及其相关领域投资；强化国家经济发展竞争力；创造大量就业机会，实现经济可持续发展。为成为非洲轻工业制造中心，埃塞俄比亚进行了大规模工业园区的开发，希望打造具有成熟软硬件基础设施的工业园区。

2014年，埃塞俄比亚出台《投资激励措施和为国内投资者保留投资领域的部长理事会条例》（*Council of Ministers Regulation No. 312/2014*）（以下简称《条例》）规定，工业园开发商可享受10年或15年所得税减免。此外，若入园企业制造的产品80%以上出口或作为生产资料提供给制造出口产品的投资者，可额外享受2年或4年所得税减免。2015年4月，埃塞俄比亚出台《工业园区法案》（*Proclamation on Industval Parks No. 886/2015*），进一步就工业园区的投资、土地与环境保护、运行规范等方面做出了具体规定。《工业园区法案》规定，在尊重埃塞俄比亚相关使用法律的前提下，任何个体或集体投资者都可以成为工业园的开发商、运营商或入驻企业，园区内的企业能进行法律法规范围内的自由投资活动，并可获得适用法律范围内的税收、关税、许可证和其他激励措施。2015年10月，埃塞俄比亚政府的第二个《增长与转型计划》也提出明确的工业园发展规划，即通过建立工业园区和发展产业集群，在5年内为从事制造业和相关部门的投资者提供 700 万平方米的土地，并建立 4 个试点农业工业园区。

（2）地区鼓励政策

埃塞俄比亚为实现各民族和各地区之间的均衡发展，鼓励外商在少数民族聚居区、边远地区和不发达地区进行投资。对落户这些地区的投资项目，根据项目所属产业和投资规模，埃塞俄比亚投资委员会将给予投资商更长的免税期，州政府也可能会在土地价格等方面给予优惠。

三 中埃产能合作的现状

(一) 2010 年以来的中埃贸易

1. 经贸关系

早在 20 世纪 50 年代,中国和埃塞俄比亚就开始有经贸往来,但贸易额很小。1970 年 11 月两国建立外交关系后,两国政府于 1971 年签订了《贸易协定》,此后,双边经贸关系逐步发展。1991 年以来,双边贸易关系得到进一步加强。1996 年两国签署《中华人民共和国政府和埃塞俄比亚联邦民主共和国政府贸易、经济和技术合作协定》;1998 年签署《中华人民共和国政府和埃塞俄比亚联邦民主共和国政府双边投资促进和保护协定》;2005 年签署《中华人民共和国政府和埃塞俄比亚联邦民主共和国政府经济技术合作协定》;2009 年签署《中华人民共和国政府和埃塞俄比亚联邦民主共和国政府对所得避免双重征税和防止偷漏税的协定》。

2015年中国公布《关于推进国际产能和装备制造合作的指导意见》，大力开发和实施境外电力项目，其中埃塞俄比亚是国际产能合作先行先试重点国家之一。2017年中埃两国领导人宣布将两国关系提升为全面战略合作伙伴关系。2018年9月，中埃两国签署了《中华人民共和国政府和埃塞俄比亚联邦民主共和国政府关于共同推进丝绸之路经济带和21世纪海上丝绸之路建设的谅解备忘录》。2019年4月，中埃两国签署了《中华人民共和国政府和埃塞俄比亚联邦民主共和国政府关于共同推进"一带一路"建设的合作规划》。

2. 双边贸易

（1）发展情况

中国与埃塞俄比亚双边贸易自1996年以来快速发展，2002年双边贸易额突破1亿美元，2008年双边贸易额突破10亿美元大关，2013年突破20亿美元大关，2014年突破30亿美元大关。根据中国海关总署统计的数据，2020年，中埃双边贸易额25.7亿美元，同比下降3.9%；其中中国对埃塞俄比亚出口贸易额为22.3亿美元，自埃塞俄比亚进口贸易额为3.4亿美元。中国主要出口轻工业产品、高新技术产品、机器设备、纺织品和医药化工产品等，主要进口芝麻、乳香、没药（一种植物药材）、皮革、棉花和咖啡等。埃塞俄比亚是中国第一大芝麻进口来源国。中国是埃塞俄比亚第一大贸易伙伴、第一大投资来源国和第一大工程承包方。新冠肺炎疫情发生后，双方积极开展抗疫合作，中方向埃塞俄比亚提供抗疫物资。

（2）贸易竞争对手及排名情况

2019年，埃塞俄比亚出口额为31.1亿美元，出口额全世界排名第132位。埃塞俄比亚最大的出口目的地是中国（5.18亿美元），占比最大，达到16.6%，其次是美国（4.84亿美元）、阿联酋（2.51亿美元）、沙特（1.97亿美元）、韩国（1.59亿美元）。埃塞俄比亚主要出口产品是咖啡（8.37亿美元）、其他油性种子（3.47亿美元）、黄金（2.56亿美元）、切花（2.38亿美元）、锌矿（1.99亿美元）。

2019年，埃塞俄比亚进口额为89.5亿美元，进口额全世界排名第110位。埃塞俄比亚最大的进口伙伴依次是中国（23.7亿美元）、印度（8.28亿美元）、阿联酋（7.88亿美元）、法国（7.87亿美元）、英国（6.22亿美元）。埃塞俄比亚主要进口产品是飞机、直升机/航天器（7.17亿美元）、燃气轮机（6.08亿美元）、包装药剂（4.02亿美元）、电器产品（2.66亿美元）和汽车（2.25亿美元）。

（3）双边贸易的特点和问题

过去十多年，中国与埃塞俄比亚双边贸易呈快速增长趋势，特别是中国对埃塞俄比亚的出口贸易。作为非洲第二大人口国和近年来经济增长最快的非洲国家之一，埃塞俄比亚成为中国在非洲的重要出口市场，特别是消费品的出口。但埃塞俄比亚出口产品结构单一，以低附加值初级农产品为主，同时当地无法提供产品生产所需原料和配件，众多产品需要从中国进口。

2002年以来，中国对埃塞俄比亚出口呈持续快速发展态势，随着近几年埃塞俄比亚吸引外资力度的加大和基础设施建设的大规模开展，中国在埃塞俄比亚投资和承包工程项目增多，带动原材料和资本货物的出口大幅增长。近几年，埃塞俄比亚的大型项目暂缓上马，外汇始终处于相对短缺状态，进口额有所下降，但价格低廉、经济实惠的中国商品对埃塞俄比亚还是有很大的吸引力。据有关国际机构测算，埃塞俄比亚国内消费品市场年需求在240亿美元左右。由于埃塞俄比亚的工业基础薄弱，轻工、食品等日常消费品大部分靠进口，且价格较贵，一般高出中国同类商品价格1—2倍，高档电器商品等价格更加昂贵，高出中国同类商品3—4倍。近年来，埃塞俄比亚政府积极引进外资，大力实施"以农业为先导的工业化发展战略"，国民经济持续多年快速发展，人民生活水平有所提高，居民购买力有所提升，对日用消费品需求不断增长，化解日益增长的居民日用消费品需求与日用消费品供应不足矛盾，为中国扩大对埃塞俄比亚日用消费品的出口创造了有利条件。

其一，轻工及纺织服装商品在埃塞俄比亚中低端市场份额大。面向埃塞俄比亚普通百姓的中低端日用商品，几乎被中国商品垄断。在埃塞俄比亚全国的日用商品集散地、位于首都亚的斯亚贝巴的Markto（马卡阿图）市场，从服装、鞋类、塑料制品到五金器皿，形形色色的中国商品成为市场上最为畅销的商品。埃塞俄比亚百姓对基本生活必需品的需求相对刚性，经济发展和人民生活水平的逐步提高，对中国消费品需求将保持旺盛。

其二，家用电器等新兴消费商品出现大幅增长。近年来，随着埃塞俄比亚居民生活水平提高，冰箱、彩电等家用电器等进口需求也出现较大增长，同时，随着中国相关产业的成熟和中国品牌在国际市场认知度的提高，埃塞俄比亚对中国此类商品的进口需求明显增加。此外，埃塞俄比亚很多新落成的酒店宾馆，配备的电视机等多为中国品牌。埃塞俄比亚目前的经济和国民生活水平对中国当年传统三大件——冰箱、彩电、洗衣机的普及才刚刚开始，此类商品在埃塞俄比亚市场增长潜力大。

其三，机电和高新技术产品增长快。近几年，埃塞俄比亚在大规模开展道路、电力、通信等基础设施建设的同时，大力吸引外资，对机械设备、工程机械、通信设施和器材的进口需求持续旺盛，随着中国装备制造业和高科技产业的发展，埃塞俄比亚对中国此类产品的认知度和进口需求越来越高。一是埃塞俄比亚投资和基础设施建设增长带动中国对埃塞俄比亚机械设备和生产用原料产品的出口。埃塞俄比亚近几年吸收外资大幅增长，规模逐年攀升，包括中国企业在内的投资者很多都选择从中国进口投资所需的机械设备，如纺织机械、钢铁、水泥、砖瓦等建材生产设备、食品加工机械等。此外，纺织纱线、化工原料、钢材等生产性原料也是埃塞俄比亚近几年自中国进口增长较快的产品。同时，随着中国在埃塞俄比亚承包工程市场份额的扩大，中国承包工程企业进口工程机械设备大量增加。二是计算机及通信技术产品成为中国对埃塞俄比亚出口增长的主力。由中兴通信股份有限公司、华为技术有限公司承担的埃塞俄比亚全国电信网项目于2007年启动以来，中国通信设备和器材对埃塞俄比亚出口激增。三是汽车出口成为对埃塞俄比亚出口增长的亮点。埃塞俄比亚政府的专项采购业务有力地推动了中国对埃塞俄比亚大型车辆出口，中国产汽车也日益受到埃塞俄比亚国民的青睐。

（二）中国与埃塞俄比亚的投资合作

1. 投资合作总体情况

埃塞俄比亚是中国在非洲实施产能合作的先行先试示范国家之一，中国已经成为埃塞俄比亚主要外国投资来源国。近年来，中国在埃塞俄比亚投资规模快速增长，投资领域日趋多元化（见图3-1、图3-2）。据中华人民共和国商务部数据显示，2019年中国对埃塞俄比亚直接投资流量达3.75亿美元。截至2019年年末，中国对埃塞俄比亚直接投资存量达25.59亿美元，主要集中在油气开发、钢铁和水泥等建材生产、制鞋制衣等劳动密集型行业、汽车组装、制药和皮革鞣制及出口等行业；埃塞俄比亚的发电、电信、制糖等行业也在逐步开放，吸引了中国企业的关注。

中国在埃塞俄比亚投资规模较大的项目有：中国保利协鑫石油天然气集团控股有限公司项目，江苏阳光集团投资的埃塞俄比亚毛纺织染项目，无锡一棉纺织集团有限公司的埃塞俄比亚纺织生产基地项目，江苏永元投资有限公司投资的东方工业园，华坚制鞋项目，中地海外集团投资的汉盛玻璃厂，力帆科技（集团）股份有限公司投资的扬帆汽车组装公司，深圳传音控股股份有限公司投资的埃塞俄比亚手机组装厂，

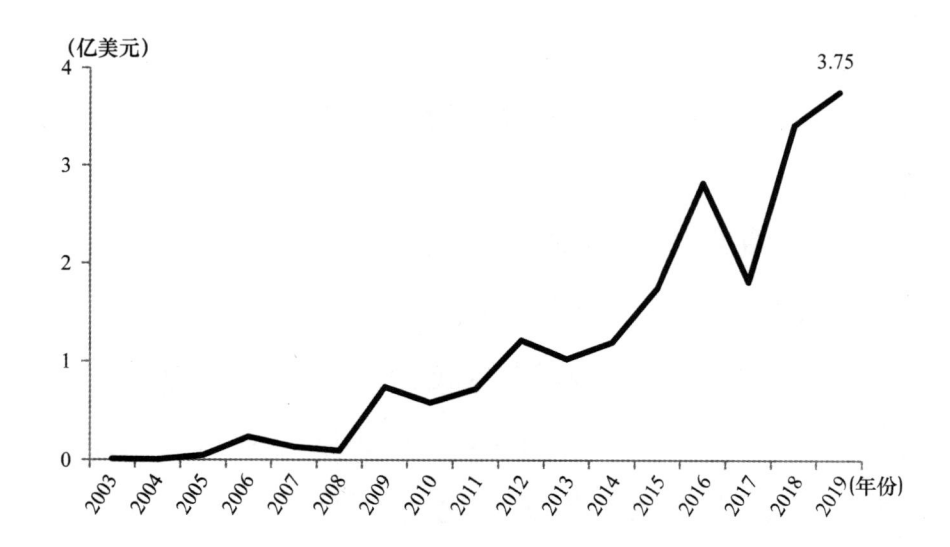

图 3 - 1　2003—2019 年中国对埃塞俄比亚直接投资流量

资料来源：商务部《中国对外直接投资统计公报》。

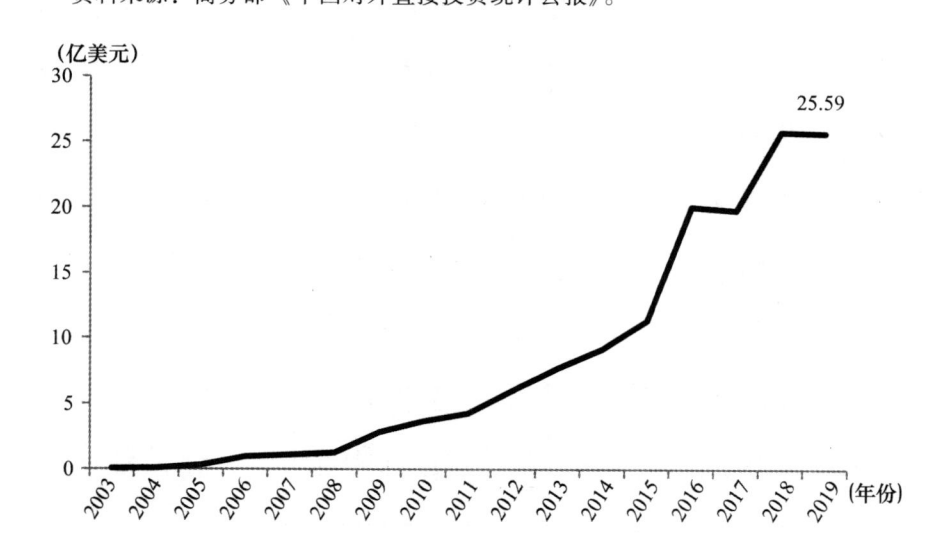

图 3 - 2　2003—2019 年中国对埃塞俄比亚直接投资存量

资料来源：商务部《中国对外直接投资统计公报》。

苏州奥特林投资有限公司投资的东方纺织印染公司，河南荣威实业有限公司投资的帝缘陶瓷有限公司，浙江金元亚麻有限公司投资的金达（埃塞）亚麻有限公司，重庆三圣特种建材有限公司和张家港中悦有限公司合作投资的三圣（埃塞）药业和人福药业集团股份有限公司，东方国际集团埃塞俄比亚服装基地项目等。

2. 重点投资行业情况

工业园区是推动中国与埃塞俄比亚产能合作的重要平台。2007年，中国企业开发的东方工业园成为埃塞俄比亚首个工业园区，此时埃塞俄比亚政府对于产业园区的具体效果还不是十分了解。伴随东方工业园建成运营，工业园区对于埃塞俄比亚经济发展和本土工业化的推进作用开始逐渐显现。此后埃塞俄比亚政府开始将工业园区定位为本国经济发展和中埃产能合作的重要内容，并吸引越来越多的中国企业赴埃塞俄比亚投资建设产业园区。

据不完全统计，截至2018年年底，埃塞俄比亚境内共有24个产业园区进入规划、建设或实际运营阶段，其中，联邦政府规划开发16个、州政府规划开发4个、私人投资开发4个。

中国参与投资或建设的产业园区至少有16个，包括东方工业园、中国华坚轻工业城、阿瓦萨工业园、阿达玛工业园等重点合作项目。[①] 从空间布局上

---

① 王兴平：《非洲产业园区发展与规划》，江苏人民出版社2019年版，第21—35页。

看，中埃合作的工业园区多位于基础设施建设相对较好且交通便利的地区，包括亚的斯亚贝巴、德雷达瓦、阿瓦萨等主要城市。从园区主导产业来看，目前中埃合作的工业园区主要以纺织服装、皮革加工、建材等劳动密集型产业为主，这些产业不仅是埃塞俄比亚国民经济发展的必需行业，也十分契合埃塞俄比亚自身的优势和资源禀赋，包括丰富的皮革、棉花等农业资源，以及相对低廉的劳动力成本等。从合作开发模式上看，有部分园区由中国企业主导投资、规划、建设以及运营的全流程，包括东方工业园区、华坚轻工业城、中交阿勒提工业园区、德雷达瓦中土工业园区等；有部分园区由埃塞俄比亚政府负责投资，中国企业只参与规划建设和前期运营，包括阿瓦萨工业园区等；有部分园区中国企业参与规划建设，埃塞俄比亚政府负责投资和运营，如阿达玛工业园区、孔博查工业园区等；还有部分园区中国企业仅作为工程承包企业参与建设，如保利莱米工业园区等。总体而言，无论是从绝对数量还是覆盖产业领域等方面看，中国正借助自身园区的发展经验，深入参与埃塞俄比亚产业园区发展建设，助力埃塞俄比亚逐步走向以产业园区为载体的工业化发展道路。

表 3-1 埃塞俄比亚工业园区

	园区名称	地点	行业性质	状态	占地面积（公顷）
联邦政府开发园区					
1	保利莱米工业园区一期（Bole Lemi I）	亚的斯亚贝巴	服装	运营	157
2	阿瓦萨工业园区（Hawassa）	南方州	服装	运营	400（一期100）
3	麦克雷工业园区（Mekele）	提格雷州	服装	在建	1000（一期75）
4	孔博查工业园区（Kombolcha）	阿姆哈拉州	服装	在建	750（一期75）
5	季马工业园区（Jima）	奥罗米亚州	服装	EPC确认	1000（一期75）
6	阿达玛工业园区（Adama）	奥罗米亚州	组装、服装、食品	在建	2000（一期365）
7	保利莱米工业园区二期（Bole Lemi II）	亚的斯亚贝巴	服装	EPC确认	170
8	克林托工业园区（Kilinto）	亚的斯亚贝巴	医药、医疗器械	EPC确认	279
9	德雷达瓦中土工业园区（Dire Dawa）	德雷达瓦	组装、服装、食品	EPC确认	4000（一期150）
10	巴哈达尔工业园区（Bahir Dar）	阿姆哈拉州	服装	规划	1000（一期75）
11	中交阿勒提工业园区（Areti）	阿姆哈拉州	建筑产品、家电	规划	100
12	德布雷伯罕工业园区（Debre Berhan）	阿姆哈拉州	—	规划	—
13	艾沙工业园区（Aysha）	索马里州	—	规划	—
14	航空物流园区	亚的斯亚贝巴	交通运输	规划	—
15	亚的斯工业村	亚的斯亚贝巴	—		80

续表

	园区名称	地点	行业性质	状态	占地面积（公顷）
16	莫吉奥皮革城（Modjo）	奥罗米亚州	皮革	规划	—
州政府开发园区					
17	布莱（Bure）农产品加工园区	阿姆哈拉州	农产品加工	在建	260
18	布尔布拉（Bulbula）农产品加工园区	奥罗米亚州	农产品加工	规划	263
19	伊尔加勒姆（Yirgalem）农产品加工园区	南方州	农产品加工	在建	214
20	贝克尔（Baeker）农产加工园区	提格雷州	农产品加工	在建	258
私人投资开发园区					
21	东方工业园区	奥罗米亚州	混合	运营	550
22	华坚轻工业城	亚的斯亚贝巴	制鞋	部分运营	138
23	莫吉奥乔治鞋业工业园	奥罗米亚州	皮革	—	50
24	王国亚麻生产工业区	德雷达瓦	亚麻	签订MOU	—

资料来源：联合国工业发展组织《2018年埃塞俄比亚工业园区发展报告》。

3. 重点项目剖析

（1）劳动密集型"两头在外"项目

目前埃塞俄比亚落地开展的"两头在外"的项目主要集中在纺织服装类，其中大型项目有江苏阳光集团埃塞俄比亚毛纺织染项目、无锡一棉埃塞俄比亚纺织生产基地项目和上海东方国际集团埃塞俄比亚服装基地项目等。

江苏阳光集团在埃塞俄比亚阿达玛市的工业园区内建立的纺织服装生产基地，总计划投资9.8亿美元（折合人民币63.7亿元），占地80公顷，包含生活区用地10公顷。其中：一期拟投资3.5亿美元，建设5万锭毛纺、150万套服装生产基地。目前，该项目累计已完成投资约7700万美元。建有厂房仓库约7万平方米，宿舍1万平方米。现有当地工人约1300名，中方员工120多名。2020年，累计生产面料7.5万米，服装10.7万套（件），销售额约为173万美元。受新冠肺炎疫情影响，欧美品牌客户全球范围内取消或暂停订单，目前，面料生产线处于停产状态，服装订单一直在持续。该公司对后续发展保持乐观态度，认为从中长期来看，劳动密集型产业在埃塞俄比亚的发展还是有优势的。

无锡一棉埃塞俄比亚项目选址埃塞俄比亚德雷达瓦国家工业园，占地51公顷，规划投资建设30万纱锭，总投资2.2亿美元，主要与国际一线品牌合作，生产配套高档色织、针织、家纺产品，力争打造成为埃塞俄比亚棉纺织业最大的生产基地，成为无锡一棉转型发展的新增长点和盈利点。项目分两期实施，此次投产的是首期10万纱锭产线。项目完全达产后将为当地提供近3000个就业岗位。目前，该纱锭生产线已正式投产，2020年已实现盈利。

上海东方国际集团已在埃塞俄比亚保利莱米（Bole Lemi）国家工业园二期建设年产800万—1000万件毛衫的服装生产加工基地。项目总投资3.3亿元人民币，已通过定向增发方式完成了资金募集。该加工基地的产品定位为性价比较高的中档毛衫产品，主要面向欧美市场。建成后可为当地提供约3000个就业岗位及技能培训机会。目前3座厂房已建成，整体工程可以按计划在2020年9月底完成，预计投产30万件毛衫产品。二期规划综合办公区、印染厂以及棉针织生产线，总投资约为3亿元。

埃塞俄比亚棉花种植潜力巨大，目前的皮棉产量只有约7万吨/年，但是全国可种植棉花的土地面积高达300万公顷，利用率不到10%。同时，埃塞俄比亚是畜牧业大国，适牧地占国土面积的一半以上。埃塞俄比亚畜存栏量高，据埃塞俄比亚政府估算，其牛存栏量为5600万头，羊4900万头，家禽4500万只，牲畜存栏量居非洲第一位，世界第十位。因此该国的棉纺和毛纺原材料均有在当地解决的可能性，上述"两头在外"的企业也都有向上游扩展的计划，将有机会逐步发展成"一头在外"的出口型企业。

（2）依托当地农牧业资源的出口导向型项目

2011年，华坚鞋业集团在埃塞俄比亚投资建厂，专门从事鞋类制造，逐渐发展成为亚的斯亚贝巴最大的制鞋企业，其女鞋制品占埃塞俄比亚鞋业出口份额的50%以上，带动了当地皮革加工、物流运输等制造业上下游产业的发展。2014年5月，李克强总理访问埃塞俄比亚期间，在时任埃塞俄比亚总理海尔马利亚姆的陪同下，参观了华坚集团在当地的制鞋工厂，并给予了积极评价。[①] 2015年，华坚集团利用埃塞俄比亚的资源和市场优势，进一步加大了对埃塞俄比亚的投资，在埃塞俄比亚首都亚的斯亚贝巴投资建设埃塞俄比亚中国东莞华坚国际轻工业园，该项目以轻工业制造业为主，集出口加工、商贸、服务等功能于一体，是"一带一路"倡议下中非产能合作的新平台，也是广东—非洲工业合作的先行区和埃塞俄比亚产城融合发展的示范区。项目总投资32亿元，园区占地总面积为126万平方米，建成后预计每年为埃塞俄比亚创汇20亿美元，并创造3万—5万个就业岗位，同时还将带动中国轻工业企业"走出去"，在非洲实现集群发展。

（3）**面向国内市场的基础消费品项目**

①帝缘陶瓷项目。埃塞俄比亚帝缘陶瓷有限公司（"埃塞帝缘"）成立于2016年3月，位于埃塞俄比

[①] "国务院总理李克强视察埃塞华坚"，华坚集团有限公司网站，2014年5月16日，http://www.huajian.com/news/news12.htm。

亚东方工业园区内。公司占地面积20万平方米,总投资2.18亿美元,目前一期、二期资金已到位1.5亿美元。主要生产地砖、墙砖、卫生洁具和其他陶瓷产品。目前该企业的墙砖和地砖已经进入市场,平均日产产量为6万平方米。2017年第一条生产线的月平均销售量为40万平方米,以此测算,该企业每年可为埃塞俄比亚节省外汇8000万美元。另外,该公司还为埃塞俄比亚创造超过3000个工作岗位。埃塞俄比亚帝缘陶瓷有限公司还在当地积极履行社会责任,促进社区经济发展。2017年,该公司联合埃塞俄比亚工业输入发展公司和奥罗米亚国际银行共同启动"埃塞俄比亚青年创业项目",通过成立100亿比尔(约合2.3亿美元)的"流动青年基金",为埃塞俄比亚青年提供平台,鼓励自主创业。通过该项目,帝缘陶瓷将在埃塞俄比亚国内开设100家品牌厂家直营店,预计将创造直接就业岗位1000个,间接就业岗位2000个,并通过资金投入、人员培训、门店设计、集中宣传等方式,指导埃塞俄比亚青年参与直营店经营管理,推进埃塞俄比亚青年劳动市场从直接就业向自主创业的转变。[①]

---

① "帝缘陶瓷青年创业项目举行启动仪式",商务部网站,2017年12月21日,http://et.mofcom.gov.cn/article/hd/201712/20171202689798.shtml。

②重庆力帆汽车组装厂项目。近年来，埃塞俄比亚的经济增长率始终居于非洲前列，居民收入水平也不断提高，带动了埃塞俄比亚国内汽车消费的市场需求。在此背景下，力帆科技（集团）股份有限公司（以下简称"力帆集团"）于2009年赴埃塞俄比亚成立埃塞扬帆汽车有限公司，主要从事汽车销售和组装生产。2010年2月，力帆埃塞俄比亚独资工厂首款520轿车下线。与此同时，力帆引入直营店扬帆汽车，开始在当地打造自己的营销体系。介于原有的工厂产能已难以满足市场需求，力帆集团于2012年起在东方工业园区内新建了拥有现代化流水线和检车线的汽车生产厂，该汽车生产厂总投资达500万美元，占地21000平方米。根据力帆集团公布的数据显示，新工厂的建成投产使当地年产能由3000辆上升至4500—6000辆之间，伴随着新工厂产能的进一步扩大，未来可将力帆集团在埃塞俄比亚国内的总产能提升至万辆级别。在有力推动埃塞俄比亚工业化发展的同时，新工厂也使力帆集团在当地进一步实现了产品多元化，包括力帆X50、力帆L7等不同车型均受到了埃塞俄比亚国内民众的广泛欢迎。2016年，力帆集团开始涉足埃塞俄比亚出租车市场，与亚的斯亚贝巴当地政府达成合作，双方签署1000辆力帆530采购协议，成功打破了丰田汽车对当地出租车市场的长

期垄断。① 目前力帆汽车在埃塞俄比亚国内汽车市场的占有率已超过50%，未来市场份额有望进一步提升。

③人福埃塞药业项目。人福埃塞药业有限公司是人福医药集团股份公司在埃塞俄比亚投资的制药企业。该项目建设地点位于埃塞俄比亚首都亚的斯亚贝巴东北方向56公里处的阿姆拉哈州，由中国医药集团联合工程有限公司设计，占地70000平方米。一期项目建筑面积15000平方米，投资金额2000万美元。项目于2015年8月开始设计，2016年5月开始建设，2018年开始投产。公司主要生产片剂、胶囊剂、水针、口服糖浆剂等30多个品种。计划未来5年内，在埃塞俄比亚的药品市场占有率达到20%，覆盖60%的同类产品市场。该项目的实施将带动埃塞俄比亚乃至整个非洲国家制药技术水平的提升，加强当地经济发展，减轻当地就业压力，促进当地配套产业链的发展。

(4) 策划支持"集群式走出去"

①东方工业园。东方工业园于2007年11月正式中标中华人民共和国商务部境外经贸合作区，2015年4月正式得到中华人民共和国财政部和商务部确认，成为中国在埃塞俄比亚唯一的国家级经贸合作区。东

---

① "力帆530出租车打造埃塞俄比亚首都靓丽名片"，力帆科技（集团）股份有限公司官网，2016年6月16日，http://www.lifan.com/news/qyzx/2016-07-26/10.html。

方工业园的国内投资主体是江苏永元投资有限公司，负责工业园的投资开发和建设规划，工业园占地5平方公里，其中一期2.33平方公里，二期2.67平方公里。园区位于埃塞俄比亚首都亚的斯亚贝巴附近的杜卡姆市，北侧紧靠亚吉铁路和由亚的斯亚贝巴至阿达玛市的AA高速公路，距离吉布提港约850公里。目前工业园已完成2.33平方公里的"四通一平"基础设施建设，建成标准型钢结构厂房近30万平方米。东方工业园已成为中国企业在非洲集群式投资的一个亮点，成为埃塞俄比亚工业经济发展的重大示范项目。东方工业园主营冶金、建材和机电，兼营其他符合埃塞俄比亚市场需求的产业，形成以外向型制造加工业为主，兼有进出口贸易、资源开发、保税仓储、物流运输、商品展销等功能，最终形成集工业、商业、商务、居住、餐饮、娱乐等多行业、多功能发展的工商贸综合功能区，为中国中小企业"走出去"提供新的发展平台。目前入园企业80多家，包括水泥生产、制鞋、汽车组装、钢材轧制、纺织服装、日用化工、食品以及制药等行业，并已为当地创造了5000多个就业岗位。东方工业园建成以来，得到中埃两国政府领导的高度重视，多位中埃领导人先后亲临工业园视察，对工业园的发展给予了积极评价。2014年5月，李克强总理在参观东方工业园时表示，中国愿意把可转移的劳动密集型产业优先转移到非洲，带动当地就业、促进发展，增强非洲自我发展能力，造福双方人民。[①]

②德雷达瓦中土工业园区。德雷达瓦中土工业园区由中国土木工程集团有限公司（以下简称"中土集团"）于2015年投资建设，位于埃塞俄比亚直辖市德雷达瓦市西部，紧靠亚吉铁路德雷达瓦车站和旱港。园区由中土集团承建，规划面积10平方公里。其中，启动区又被称为"江苏昆山工业园"，面积达3.1平方公里，由昆山开发区负责招商管理，重点承接昆山开发区的纺织服装、食品加工及五金机械等轻工业企业入园。[②] 园区计划分三期开发建设，建成后预计将为当地创造4.2万个就业岗位，其中园区一期占地150公顷，建设有15栋现代化厂房及服务大楼、购物中心等配套设施，并于2020年10月正式开园，目前已有来自美国、意大利等国家的4家企业入驻。不仅通过产业集聚效应带动了中国企业赴埃塞俄比亚投资，而且还创造了中非城市间产能合作新模式，实现了昆山市与德雷达瓦市双边产业合作的直接对接，具有较强的示范效应。此外，园区由中国企业主导投资，同时由

---

① "李克强：中国在非投资要带动当地就业促进发展"，新华网，2014年5月16日，www.xinhuanet.com/world/2014-05/06/c_126465247.htm。

② 王兴平：《非洲产业园区发展与规划》，江苏人民出版社2019年版，第42—43页。

中方单位依据中国标准进行规划设计和实施建设。2018年中非合作论坛北京峰会召开后，昆山开发区联合中土集团及双边政府机构，共同举办中国（江苏）—埃塞俄比亚深化产能合作·共建"一带一路"投资发展对接会，期间有7家昆山企业与德雷达瓦中土工业园签署投资意向书，投资金额达14亿美元。①埃塞俄比亚政府也高度重视德雷达瓦中土工业园项目，2020年10月，总理阿比出席工业园开园仪式，并在致辞中表示，德雷达瓦是埃塞俄比亚东部地区重要的交通枢纽和商业中心，中土工业园的设立将激发当地经济潜力，并将促使中埃双边合作进一步深化。②

（三）中国与埃塞俄比亚的基建合作

1. 总体情况

据中华人民共和国商务部统计，2019年中国企业在埃塞俄比亚新签承包工程合同346份，新签合同额26.9亿美元，完成营业额24.96亿美元。新签大型承包工程项目包括中国交通建设股份有限公司承建埃塞

---

① 袁立：《助力非洲工业化——中非合作工业园探索》，中国商务出版社2019年版，第110页。

② "埃塞总理阿比为中企承建德雷达瓦工业园揭牌"，人民网，2020年10月30日，https://baijiahao.baidu.com/s?id=16819407314 40213909&wfr=spider&for=pc。

俄比亚 Modjo 桥项目；中国江苏国际经济技术合作集团有限公司承建埃塞俄比亚国家博物馆项目；中国水电建设集团国际工程有限公司承建埃塞俄比亚复兴大坝 11 台机组金属结构与水工项目等。

中国企业承揽的项目主要集中在铁路、公路、通信、电力、房建和水利灌溉等领域。中国在埃塞俄比亚的主要工程企业包括中国交通建设股份有限公司、中国土木工程集团有限公司、中国水利水电建设集团有限公司、中国葛洲坝集团有限公司、中国中铁股份有限公司、中地海外集团有限公司、中国成套工程有限公司、中国电力技术装备有限公司、中国东方电气集团有限公司、中工国际工程股份有限公司、中兴通信、华为技术有限公司、北方国际合作股份有限公司和中国江苏国际经济技术合作集团有限公司等。据中国驻埃塞俄比亚使馆经济商务处资料显示，近年来，中国企业在埃塞俄比亚承建的大型公路项目有：由中国中铁、中土集团承建的亚的斯亚贝巴—吉布堤铁路项目，由中工国际承建的瓦尔凯特 24000TCD 糖厂项目，由葛洲坝集团承建的吉那勒达瓦（GD）—3 水电站、马克雷供水项目，由中地海外集团承建的德雷达瓦公路项目，由北方国际承建的 GDYW—2400kv 输电线路项目，由中交集团承建的宝丽国际机场航站楼扩建项目、马沃铁路，以及由东方电气集团承建的阿伊莎（Aysha）风电站项目等。

2. 重大项目
（1）亚的斯亚贝巴轻轨项目

亚的斯亚贝巴轻轨是埃塞俄比亚乃至东非地区的第一条城市轻轨，也是中国企业在非洲承建的首个城市轨道交通项目。亚的斯亚贝巴轻轨共运营 2 条线路，包括亚的斯亚贝巴轻轨南北线和亚的斯亚贝巴轻轨东西线；正线全长 31.025 公里，其中共轨段长约 2.662 公里；设 44 座车站，其中共用车站为 5 座。项目由中铁二院工程集团有限责任公司和中铁二局集团有限公司组成的中铁联合体承建，合同价值总额为 4.75 亿美元，于 2012 年 1 月开工建设，南北线于 2015 年 9 月开通运营，东西线于 2015 年 11 月开通运营。项目采用中国铁路技术标准，其中一期线路总长约 31.3 公里。工程设计以地面线为主，部分地段采用高架线路和地下线路，最高行车速度为 70 公里/小时。轻轨项目不仅有力提升了亚的斯亚贝巴城市交通水平，而且还为当地创造了 1.3 万个就业岗位，成为中埃双边合作的示范性项目，受到了双方领导人的高度关注。2014 年 5 月 5 日，国务院总理李克强在埃塞俄比亚时任总理海尔马里亚姆的陪同下，出席了亚的斯亚贝巴轻轨一期竣工、二期开工仪式，并表示双方要继续加强公路、铁路等合作,把交通基础设施建设打造成中埃合作的典范。①

(2) 亚吉铁路项目

亚吉铁路全称埃塞俄比亚至吉布提标准轨距铁路,是东非地区首条标准轨距电气化铁路,是落实"一带一路"倡议和中非合作论坛约翰内斯堡峰会"十大合作计划"的早期成果,是中非产能合作的标志性工程,也是首个集设计标准、投融资、装备材料、施工、监理和管理运营为一体的中国铁路全产业链"走出去"项目,被誉为"新时期的坦赞铁路"。亚吉铁路西起埃塞俄比亚的瑟伯塔站,东至吉布提多拉雷港站,全长752.7公里,设置45座车站,设计速度120公里/小时。2012年,亚吉铁路开工建设;2016年10月5日,亚吉铁路埃塞俄比亚段建成通车;2017年1月10日,亚吉铁路吉布提段建成通车;2018年1月1日,亚吉铁路开通商业运营,使亚的斯亚贝巴至吉布提的运输时间从7天缩短至10小时。自商业运营以来,截至2020年12月31日,共计开行客车729列,专列33列,6列撤侨专列,临时列车7列,客运收入共计约333.2万美元;开行货列3290列,货运收入共计约

---

① "李克强参观中方承建的亚的斯亚贝巴轻轨项目",中新网,2014年5月6日,https://www.chinanews.com/tp/hd2011/2014/05—06/343447.shtml。

1.38亿美元；客货运收入共计约1.41亿美元。其中，2018年，货运量为90.2万吨，收入总计3251万美元。2019年，货运量为120.8万吨，收入总计4650万美元。2020年，货运量为150.5万吨，收入总计6241万美元。亚吉铁路现有中方铁路专业人员约600人，雇佣当地员工约1800人，在一定程度上改善了当地的就业情况。[①]

另一方面，亚吉铁路的建成还打破了埃塞俄比亚的运输瓶颈，为当地工业园区发展注入了新动力。2021年5月，亚吉铁路东方工业园无轨站正式揭幕，这是亚吉铁路首座无轨车站，启用后亚吉铁路将通过无轨车站与工业园紧密相连，进一步提高运输效率，为当地工业化发展提供良好的基础设施环境。同时，无轨站投入运营也创新了当地铁路与工业园的联运模式，打通短倒运输服务"最后一公里"。据埃塞俄比亚政府官员表示，亚吉铁路东方工业园无轨站的诞生是铁路运输短倒服务的里程碑事件，其投入使用将减少运输成本，促进进出口贸易，实现铁路的多元化和可持续发展。[②]

[①] 袁立：《助力非洲工业化——中非合作工业园探索》，中国商务出版社2019年版，第15—17页。

[②] "亚吉铁路首座无轨车站在埃塞俄比亚东方工业园开通"，中非合作论坛网站，2021年5月8日，http：//www.focac.org/chn/zfgx/jmhz/t1874362.htm。

从吉布提方面来看，亚吉铁路的开通对 2018 年竣工的吉布提国际自贸区也产生了深远的影响。一是亚吉铁路的开通为吉布提国际自贸区提供了建设"一带一路"海上驿站的基础设施保障，为其对接国际物流大通道，建设节点提供有力支持，并能开展跨国海铁联运；二是为吉布提国际自贸区提供了面向东非地区的产品销售物流和商务渠道，并为吉布提国际自由贸易区开展商品采购展示交易和举办各类大型国际活动提供了便利快捷和低成本的交通环境，[①] 使吉布提服务埃塞俄比亚、卢旺达、乌干达等东非国家门户功能进一步提高。

（3）埃吉跨境供水项目

埃塞俄比亚—吉布提跨境供水项目是从埃塞俄比亚的 Kulen Valley 地区水源地向吉布提长距离供水的工程，是由埃塞俄比亚、吉布提及中国三方政府共同合作推进的东非区域内互联互通项目。

埃塞俄比亚境内河流、湖泊较多，水资源相对丰富，有"东非水塔"之称。作为埃塞俄比亚的主要海运出口通道，吉布提受自然气候和地理环境影响，淡水资源十分匮乏，首都及主要城镇约有近 50% 的地方

[①] "亚吉铁路开通对吉布提国际自贸区的影响"，广东省物流协会官网，2017 年 10 月 19 日，http：//www.wlhyxh.com/show-39-5690-1.html。

供水匮乏，直接影响了吉布提人民生活水平的改善，制约了吉布提经济社会的发展。吉布提政府向埃塞俄比亚政府提出跨境供水工程设想，得到埃塞俄比亚政府的积极响应。2013年1月，吉布提与埃塞俄比亚两国政府签署协议，一致同意实施跨境引水项目。2013年2月3日，吉布提政府与中地海外集团签订EPC（Engineering Procurement Construction）合同，确定中地海外集团作为该项目的总承包商；2013年9月11日，中国和吉布提签署项目贷款协议，中国进出口银行提供优惠买方信贷。中地海外集团历经两年多时间，建成数十口水源井和蓄水池，沿途铺设供水管道380公里，实现了从埃塞俄比亚水源地Kulen Valley取水，采用自流方式输送至吉布提港口，为吉布提5个主要城市每天提供10万立方米的优质饮用水，受益人口75万人（吉布提目前全国人口91万人）。2017年6月30日，该项目完成并正式向业主方移交。为实现基建企业向投建营一体化的综合服务商转型，中地海外集团还与业主签署了5年的运维合同，力争做到"授人以渔"，确保项目正常运行、高效运营。亚吉跨境供水项目的顺利实施，对项目关联国无论是政治、经济还是社会层面都具有重大意义。

第一，政治意义。该项目是中非合作进入新阶段的代表性项目，对增强两国政治互信、加强双边外交关系起到了推动作用。同时，该项目还是吉布提、埃塞俄比亚和中国三方政府联合打造的非洲首个重要区域跨境供水项目，不仅促进了中国、吉布提和埃塞俄比亚三方的交流与合作，也是中非合作更加开放、灵活、务实的体现。

第二，经济意义。水资源缺乏是困扰吉布提经济社会发展的棘手问题。根据非洲开发银行的报告显示，吉布提仅有25%的人口可以喝到健康水，缺水和饮用不达标的水导致了一系列疾病，严重阻碍了吉布提经济社会水平的提高。供水缺乏也直接影响了吉布提工农业发展和吸引外资，造成吉布提80%以上的发展资金依靠外援。该项目有效地缓解了吉布提供水资源不足问题，对促进吉布提招商引资、改善经济环境发挥了积极作用。

第三，社会意义。中地海外集团在实施项目过程中始终坚持管理属地化，在吉布提和埃塞俄比亚招募工作人员，为当地提供了大量的就业机会，培养了一批优秀的管理和技术人才；始终坚持采购属地化，以项目带动贸易，对吉布提经济发展和社会稳定做出了贡献。

第四，示范与推广意义。埃塞俄比亚—吉布提跨境供水项目在大幅提高吉布提本国经济活力和造血功能的同时，也对促进埃塞俄比亚、吉布提两国资源与环境、社会与人口、经济的协调发展起到积极推动作用。非洲当前一体化进程不断加速，大型跨国跨区域项目逐渐增多，该项目中三方合作的成功经验可在其他跨国跨区域项目推进过程中加以推广，在实现多方互利共赢的同时，促进非洲区域互联互通和一体化进程。

（4）埃塞俄比亚吉布 3 水电站项目

吉布 3 水电站项目是埃塞俄比亚工业化进程中的一项重要基础设施建设，是埃塞俄比亚 GTP-Ⅰ重大项目。它是埃塞俄比亚奥莫河梯级开发中的第三级电站，距离亚的斯亚贝巴约 420 公里，共安装 10 台单机容量为 18.7 万千瓦的混流式水轮发电机组，额定水头为 193.5 米，总装机容量为 1870MW，电站的功能包括发电、防洪和流量调节等。

埃塞俄比亚虽然水利资源丰富，但是电力基础建设严重不足，仅能满足占比不足 30% 的基本人口用电，严重制约了国家经济的发展和国民生活水平的提高。东方电气集团是全球最大的发电设备制造和电站工程总承包企业集团之一，发电设备产量累计超过 5.4 亿千瓦，已连续 17 年位居世界前列。东方电气集团大力拓展海外市场，积极参与中国在非洲的"一带一路"建设。埃塞俄比亚吉布 3 水电站项目的建设正是以中国技术和资金为优势，与当地的资源开发相契合，既符合中国"一带一路"倡议所提出的中埃两国以基础设施建设、能源资源开发为重点的合作框架的要求，又符合埃塞俄比亚国民经济发展的需要。2010年5月12日，东方电气集团与埃塞俄比亚电力公司签订了埃塞俄比亚吉布3水电站项目机电及金属结构设备EPC总包合同，合同额5亿美元，建设期5年，采取出口买方信贷的方式对项目进行融资。

吉布3水电站从2011年开工建设到2015年10月1号机组投入运营，仅仅历时5年，而到2016年8月全部机组投入运营仅用了10个月的时间，创造了世界水电工程建设史上的新纪录。在2016年12月17日举行的吉布3水电站投运庆典仪式上，不仅有埃塞俄比亚时任总理海尔马里亚姆·德萨莱尼携财政部部长、水能部部长、科技部部长、电力公司董事局主席等出席，而且项目业主埃塞俄比亚电力公司盛赞"中国速度"。2018年年底，东方电气集团与埃塞俄比亚电力公司签订了吉布3项目的维保合同，继续为东方设备保驾护航。

埃塞俄比亚吉布3水电站的建成，有利于推动当地电力事业和国民经济快速发展。项目建成投运后，埃塞俄比亚电网扩容将近一倍，实现电力事业的跨越式发展。不仅解决了埃塞俄比亚电力极度短缺的问题，而且还有相当一部分电力可出口邻国。在吉布3水电站建成之前，埃塞俄比亚本国的发电厂总体装机容量才200万千瓦，建成后总装机容量为1868兆瓦，占到埃塞俄比亚全国总装机容量4244.67兆瓦的44%。截至2018年12月，吉布3水电站已累计发电约150亿度，使得埃塞俄比亚电力公司的营业收入大幅增长，经济效益显著提升。例如，2016—2017财年，埃塞俄比亚向苏丹和吉布提等周边国家出口电力约12.5亿度，电力出口较项目投运前的一个财年增长了79%，出口创汇8764万美元。2017—2018财年，埃塞俄比亚向苏丹和吉布提等周边国家出口电力约14.3亿度，出口创汇约1亿美元。[①] 2019年年底埃塞俄比亚—肯尼亚±500千伏直流输电线路建成后，又向肯尼亚大量出口电力，创造更加可观的外汇收入。埃塞俄比亚前总理海尔马里亚姆曾经常视察吉布3水电站，他表示该项目对埃塞俄比亚具有重要的意义，对促进埃塞俄比亚的经济发展发挥了"不可替代的作用"。

其次，为当地培训专业人员，促进民生发展。项目建设期间，东方电气集团对百余名埃塞俄比亚国家电网的工程师进行有针对性的项目设备方面的实地培训，涉及采用中国标准设计和制造的水轮发电机组、继电保护设备、变压器等电站核心设备等内容。这不

[①] 第一届中国—非洲经贸博览会组委会秘书处：《中非经贸合作案例方案集》，湖南人民出版社2019年版，第320页。

仅有利于中国标准走出国门，在国际传播扎根，而且对于埃塞俄比亚紧缺的电力人才的培养也意义重大。埃塞俄比亚前总理海尔马里亚姆在2017年访华期间坦言："非洲其他国家都很羡慕，这将使埃塞受益多年，我们非常感激。"[①] 更为重要的是，吉布3水电站的建成投运不仅对促进埃塞俄比亚国家经济发挥了"不可替代"的作用，而且推动了"一带一路"建设和国际产能与装备制造合作。在项目实施过程中，不仅带动了东方电气集团大型水轮发电机组设备的出口，还涵盖设计、制造、运输、安装、运维等各方面，涉及水电站开发建设几乎全产业链的国内外配套厂商近百家。出口额超过30亿元人民币，惠及从业人员人数数万。同时，与欧美标准和理念互相取长补短，全面提升各厂商的设计理念、制造水准，增强中国产品参与世界重大项目工程的信心与竞争力。

（四）中埃产能合作总体评述

　　埃塞俄比亚是非洲大陆的门户，在中国对非乃至对外关系中都具有重要地位。埃塞俄比亚是"一带一

[①] "埃塞俄比亚总理海尔马里亚姆访华最后一站选在四川"，四川省人民政府官网，2017年5月21日，www.sc.gov.cn/10462/12771/2017/5/21/10423351.shtml。

路"倡议重要合作伙伴,也是中非产能合作先行先试示范国家,2017年中埃关系提升为全面战略合作伙伴关系,中埃合作成为中非合作和南南合作的典范。亚吉铁路经济走廊及沿线工业园被列入《第二届"一带一路"国际合作高峰论坛圆桌峰会联合公报》。

近年来,为进一步吸引外资,埃塞俄比亚执政党通过决议,在埃塞俄比亚政府控股的前提下,允许国内外投资者购买此前长期由国有资本垄断的埃塞俄比亚电信、航空、电力、航运和物流公司的股权。此外,埃塞俄比亚政府允许铁路、糖业、工业园、酒店及其他国有制造业企业完全或部分私有化,为中埃产能合作带来了机遇,未来投资类和公私合营类项目将成为重要模式。此外,埃塞俄比亚是非洲人口大国,为解决就业和发展经济,埃塞俄比亚承接中国优势产能,如轻工业、纺织服装、建材和制药等行业的投资是切实可行的出路,特别是该国建设20多个国家级、省级产业园区,都把吸引中国投资者入园投资作为重中之重。

中国与埃塞俄比亚的产能合作作为国际产能合作的重要尝试已经取得丰硕成果。中国已成为埃塞俄比亚最大的贸易伙伴、最大的工程承包方和最大的投资来源国,两国友好互利合作遍及埃塞俄比亚经济社会发展的方方面面。埃塞俄比亚第一家工业园、第一条高速公路、城市轻轨、跨国电气化铁路以及数之不尽的公路、大坝、电站、工厂都是两国政府和人民齐心协力、努力合作的结晶，中国印记和中国元素随处可见。[①] 中国与埃塞俄比亚的产能合作不仅推动了埃塞俄比亚的工业化、城市化，而且推进了其与东非地区国家的互联互通一体化，与此同时，通过属地化经营，这些项目为埃塞俄比亚国内创造了大量就业机会，进行了技术转移，切实推动了埃塞俄比亚国家社会经济的发展。但是，随着时间的推移，双方合作程度的加深，中国和埃塞俄比亚的产能合作也面临政府债务上升、外汇持续短缺、埃塞俄比亚国内区域发展失衡、政治和安全风险趋升等诸多风险。

---

① 中华人民共和国商务部：《对外投资合作国别（地区）指南——埃塞俄比亚》（2020年版），2021年2月5日，http://www.mofcom.gov.cn/dl/gbdqzn/upload/aisaiebiya.pdf。

四 助推中埃产能合作的总体构想及对策建议

（一）对中埃产能合作的总体考虑和风险评估

1. 未来中埃产能合作的总体设想

整体来看，埃塞俄比亚自然资源并不十分丰富，虽然政府在努力改善投资环境，但该国营商便利度仍处于世界落后水平，吸引和利用外国直接投资以拉动经济发展仍然任重道远。埃塞俄比亚政府实施的一系列经济改革措施，包括工业园区建设、重要行业国企私有化等，将有助于增强商业信心和增加外国投资。埃塞俄比亚重视与中国的合作，并借鉴中国经验，制定两个为期五年的《增长与转型计划》，希望抓住此轮劳动密集型制造业转移的机会，推动自身结构转型和工业化发展。中国重视与埃塞俄比亚的互利合作，鼓励中国企业对埃塞俄比亚投资，将其视为产能合作重点国家。预计中埃两国将继续加强在电力、工业园区及制造业、交通基础设施建设、电信、运输等领域的产能合作。

埃塞俄比亚推行的工业化战略将带来潜在投资机会。埃塞俄比亚在生产要素方面有一定的成本优势，具有成为承接中国产能转移目的国的潜力。埃塞俄比亚劳动力资源丰富，工人工资、电价、土地等生产要素成本低，同时，埃塞俄比亚与欧美国家签订的免关税、免配额等协议，使埃塞俄比亚生产的产品进入欧美市场具有一定的政策优势。埃塞俄比亚政府通过利用上述成本和政策方面的优势，出台税收优惠政策等措施鼓励和吸引出口加工型企业到埃塞俄比亚投资，重点发展出口导向型与劳动密集型产业，增加其外汇收入和创造就业机会。埃塞俄比亚是人口大国，市场潜力巨大，且基础消费品多依赖进口，特别是从中国进口。中国企业可利用贸易先导作用，通过贸易渠道拓展渠道和市场，在市场成熟时再适时启动投资建厂，针对当地市场开展进口替代型投资，为埃塞俄比亚消费者提供相比进口商品更具竞争力的制造业产品，帮助创造就业、技术转移，进而带动和促进非洲本土制造业的发展。此外，埃塞俄比亚水利、风力资源丰富，光照条件好，适合发展水电、风电及太阳能。埃塞俄比亚政府正利用其上述资源优势，计划将埃塞俄比亚打造成东非电力输出国，为国家创造更多的外汇收入。

2. 未来对埃塞俄比亚进行产业投资的风险评估

(1) 政治和安全风险

埃塞俄比亚总理阿比 2018 年上台以后，政治改革和民主改革取得了一定成绩，但过快的改革步伐导致各民族之间、民族内部矛盾被彻底激化。阿比领导的繁荣党虽然在 2021 年 7 月取得了议会选举的胜利，但社会动荡问题并未得到有效控制，提格雷州与联邦政府之间的武装冲突还在蔓延，未来走向尚不明朗。近 8 个月的武装冲突使得阿比政府耗资巨大，国内通胀严重，加之埃塞俄比亚国内很有可能暴发第三波新冠肺炎疫情，给政府执政带来了较大困难。埃塞俄比亚国内民族间、地方政府与联邦政府间的矛盾，以及持续的民族冲突，削弱了中央政府的控制力，带来了治安环境恶化等负面影响。私有化等经济改革可能会扰乱既定利益输送渠道，加剧政局波动和安全形势风险。目前局势动荡已经动摇了投资者信心，经营环境受经济下滑压力持续恶化，投资合作风险进一步加大。

(2) 经济风险

长期以来，埃塞俄比亚整体经济形势良好、势头强劲，但由于近年来民族地区矛盾、内部武装冲突等问题使得政府耗资巨大，经济形势不容乐观。埃塞俄比亚各行业发展仍处于较低水平，整体竞争力有限，工业体系不完善，未来发展仍面临很多挑战，出口创汇能力短期内很难有实质改善，进口需求依然较大。

首先，外债风险。埃塞俄比亚外债风险日益突出。由于出口表现不如预期，且商业贷款集中到期，埃塞俄比亚外债情况自2017年开始出现恶化，国际货币基金组织在最新的债务可持续性评估中，将埃塞俄比亚列为外债高风险国家。埃塞俄比亚偿还外债主要依靠公共部门的对外借款和外国直接投资外汇流入资金，随着2018年进入存量外债还款高峰期，埃塞俄比亚未来几年年度债务偿还额度依旧处在较高水平，存在发生债务危机的隐患。埃塞俄比亚政府已正式申请在G20共同框架下进行债务处理。

其次，货币贬值风险。埃塞俄比亚外汇短缺，本地币贬值风险巨大。国际货币基金组织和世界银行在2018年和2019年年末均建议埃塞俄比亚央行对货币进行大幅贬值。货币贬值有利于刺激出口，但对于埃塞俄比亚高额的外债来说，影响极为负面，同时也会增加当地已经高企的通货膨胀率。2017年10月10日，埃塞俄比亚国家银行宣布11日起比尔将贬值约15%。有统计显示，埃塞俄比亚比尔每年平均贬值幅度在5%—7%之间。如果埃塞俄比亚经济不能显著改善，外债和外汇方面的困境将持续存在。

最后，外汇管制风险。埃塞俄比亚实行严格的外汇管理制度，海关规定旅客出境时仅可携带总值不超过3000美元的外币。如旅客入境时携带外币超过3000美元须向海关申报，否则持有的超量外币将被没收或扣留。埃塞俄比亚创汇能力差，外汇储备不足，央行采取严格的外汇管制政策。虽然埃塞俄比亚法律规定外国投资者合法收入可汇兑出境，但由于外汇紧张，投资者实际上无法申请到足够的外汇额度。严格的外汇管制及严重的外汇短缺成为中国企业在埃塞俄比亚投资经营所面临的主要风险之一。

(3) **政策风险**

首先在投资行业选择方面，埃塞俄比亚外汇短缺，中国企业在埃塞俄比亚投资时，应尽量利用当地原材料或选择较少选用外国进口原材料的行业，所投资的企业最好能够做到进出口外汇平衡。

其次在合作伙伴选择方面，中国企业在与当地人创办合资企业时，应选择信用好、有经济实力且具备经营管理经验的合作方，并应尽量成为大股东，以便加强对企业的管理和规避风险。

家"路线,学习中国和新加坡等亚洲国家的发展经验,吸引了大量的外国投资修道路、铁路、大坝、工业园,经济快速发展,步入经济发展最快的非洲国家行列。埃塞俄比亚市场潜力的释放,以及中国企业的快速发展,引得美国、英国、日本等国家对埃塞俄比亚重新关注。美国为了与中国竞争,特朗普执政时期不仅出台对非新战略、"繁荣非洲"倡议、"建造法案",而且配套新的金融工具对标中国在非洲"重资本、长周期"的战略性项目。例如,2020年3月,埃塞俄比亚财政部部长艾哈迈德·希德表示,预计在未来3—5年内,美国国际开发金融公司将抓住埃塞俄比亚政府实行私有化推动经济转型的机会,拟投资50亿美元,聚焦电信、新能源、物流和制糖等行业。[①] 2021年5月,由美国国际开发金融公司支持的、由英国运营商沃达丰联合旗下南非运营商沃达康及肯尼亚运营商Safaricom组成的财团成功竞标埃塞俄比亚新电信牌照,导致由丝路基金支持的南非运营商MTN落标。

(6) **其他风险**

首先,投资高成本风险。埃塞俄比亚为内陆国家,工业发展落后,水泥、钢材、紧固件等基础材料以及

[①] 中国驻非盟使团经济商务处:《美国国际开发金融公司将投资50亿美元支持埃塞俄比亚改革》,中华人民共和国商务部网站,2020年3月15日,http://www.mofcom.gov.cn/article/i/jyjl/k/202003/20200302942261.shtml。

配套仪器等设备严重缺乏,原材料价格至少为国内的2—3倍,且经常品种规格不全。企业在投资过程中要充分考虑这些成本因素,增加投资成本不可预见费用的比例。

其次,建设周期较长的风险。埃塞俄比亚每年有一半时间是雨季,大部分项目无法施工,加之当地工人的生产效率低,一般不愿加班,当地部门和业主的配合与协调能力有限,建设工期极易受到影响,企业在投资时要充分考虑各方面因素,合理确定工期。

最后,物流风险。埃塞俄比亚货物进口基本通过海运至吉布提港,然后连接内陆运输,物流周期长,运输大型工程设备的道路状况一般,企业在项目实施过程中应做好各项物料、设备和零部件的组织调度,避免贻误工期。亚吉铁路已于2018年年初开始运营,但算上两头的装卸成本实际上采用铁路运输的成本并没有降低太多,只是物流运输的时间成本得到一些改善,从吉布提到首都亚的斯亚贝巴的物流时间可以从5—7天降低到1天。

(二) 中埃产能合作的重点领域

鉴于中埃两国产能合作项目取得了较好的社会经济效益,未来两国的产能合作可大体在既有的投资合作思路上创新发展，即大力发展劳动密集型"两头在外"项目，继续依托当地农牧业资源的出口导向型项目，面向国内市场的基础消费品项目，以及策划支持"集群式走出去"等项目。

其一，埃塞俄比亚一个突出的优势是规模庞大的人口，尤其是大量适龄的劳动人口，劳动力成本相对较低，与中国的劳动力成本差距将在较长时期内持续存在。对中国企业而言，一些劳动投入最为密集、生产率未来进步潜力较小的加工环节，逐步失去比较优势和成长的可持续性，可考虑利用埃塞俄比亚劳动力优势和欧美市场准入优惠，立足全球生产供应链，推动"出口导向"型的劳动密集型加工制造业继续向埃塞俄比亚转移。这种投资经营所需的原材料及构配件、管理经验和技术研发多来自中国，而销售市场主要在第三方国家特别是欧美国家，即"两头在外"。虽然埃塞俄比亚劳动力效率相对偏低，但对于一般性加工制造业而言，因技术含量不高，经过一定时间的培训就可达到大致与国内相当的水平。

其二，继续依托埃塞俄比亚本地资源和较为成熟的制革业等行业现有产业基础，制鞋等依托当地农牧业资源的出口导向型企业相对于"两头在外"的企业来说，更容易受到当地政府的青睐。这些项目既能出口创汇，还能带动农牧业的进一步发展。可向在埃塞俄比亚的制鞋投资及轻工业园项目深耕厚植的华坚集团请教、仿效、创新发展。

其三，大力拓展旨在面向当地消费市场的基本消费品。从国际经验来看，投资的成功离不开市场的扩大，投资开发需要与前端市场结合起来，通过市场销售逐渐延伸到当地制造。贸易对于制造业项目具有先导作用，通过贸易拓展渠道和市场，在市场成熟时再适时启动投资建厂。这种面向东道国国内市场的基础消费品项目投资，其基本思路是"贸易先行、投资跟进"。中国企业可在贸易交往的基础上，继续开展进口替代型投资，进而带动和促进非洲本土制造业的发展。

其四，继续支持"集群式走出去"。以工业园区为载体开展集群式投资，可以吸引并带动该产业链和关联产业的中国企业投资，并带动配套基础设施建设的投资，同时以投资促贸易。最适合集群式投资的东道国是那些劳动力成本优势突出、资源相对不富集、与欧美有优惠贸易协定、愿意提供招商引资优惠政策的非洲国家。事实上，埃塞俄比亚是非洲建设和利用工业园区最积极的国家之一，而中国企业在其中发挥了重要作用。在当今非洲各国大力整合本土市场、共建非洲大陆自贸区的背景下，集群式发展更具规模效益。

（三）中埃产能合作的政策性建议

1. 中埃产能合作战略性定位与市场化导向

埃塞俄比亚是非洲人口大国，中国是其第一大贸易伙伴、第一大投资来源国。产能合作既符合两国经贸合作发展的需要，也是多边合作及国际市场化发展规律的必然结果。埃塞俄比亚是中非产能合作先行先试示范国家之一，国家发展和改革委员会已与埃塞俄比亚财政部签订了国际产能合作文件，并规划了若干优先合作领域。在"一带一路"倡议和中非产能合作框架下，根据埃塞俄比亚 GTP-Ⅱ 重点推动工业化、基础设施建设和农业发展的发展诉求，结合目前埃塞俄比亚资源禀赋特点，中埃产能合作可聚焦出口导向劳动密集型产业、电力、基础设施 PPP 项目和国有企业私有化项目等合作领域。从中长期来看，无论埃塞俄比亚国内政治形势如何变化，为解决国内就业问题和发展本国经济，埃塞俄比亚的人口红利、成本优势等对于承接中国的优势产能，特别是轻工业、纺织服装等外向型行业有较强的比较优势，埃塞俄比亚建成的 20 多个产业园区也可成为承接中埃产能合作的平台。此外，建材、制药和民生消费品等进口替代投资，也是解决埃塞俄比亚外汇短缺的有效途径之一。

2. "投贷援"与"投建营"相结合，支持产能合作持续发展

埃塞俄比亚经济经过十多年的快速发展，目前债务水平已较高，埃塞俄比亚铁路、轻轨、糖业公司和电信公司的贷款均已有逾期情况出现。以糖厂建设为例，埃塞俄比亚糖业公司规划了13个糖厂，且几乎同时上马了其中的5个，全部用的中国各大银行的贷款，就现状而言存在不同的建设和运营问题，究其原因，一是埃塞俄比亚政府高估了自身偿债能力；二是埃塞俄比亚政府因缺乏经验忽略了甘蔗种植、收割等农业配套问题；三是工程承包企业为追求EPC项目利润最大化而忽略项目运营及后续偿债问题。随着中埃产能合作的进一步深入，"工程承包+融资"的模式已难以持续且风险较高。与此同时，在埃塞俄比亚的投资合作也面临经济可行和履行社会责任等问题的双重考验。此外，对外援助如果能与投资、贷款有机结合，充分考虑援助的效果、可落地性和可持续性，从而发挥更大作用。

中埃产能合作中的重大项目——亚吉铁路项目目前已走出了"投贷援"和"投建营"结合的新路。该项目是由中国进出口银行提供融资支持和借款，中国中铁股份有限公司和中国土木工程集团有限公司作为总承包方建设，后续又成立合资公司负责运营，此外

国家国际发展合作署通过约1.7亿元的援助，解决了亚吉铁路设备和备品备件等问题。亚吉铁路项目通过"投贷援"和"投建营"形成的合力，把两国政府、金融机构和建设方、运营方的多方诉求整合到了一起，为中埃产能合作树立了良好典范。

因此，未来在中埃两国签订的"一带一路"合作谅解备忘录的框架下，从可持续发展的长远目标考虑，政府、金融机构、产业投资方应发挥各自优势，以"投贷援"与"投建营"一体化的多角度出发统筹中埃产能合作，兼顾经济效益和社会效益，提升援助质量，进一步扩展和深化中埃两国的经贸合作空间。

3. 加强人才培养和劳工培训

中国企业"走出去"，最缺乏的是国际化的人才。国家要在外向型人才培养、专业资质认证等方面加大力度，不断提高"走出去"人员的素质和人才储备。同时，要结合企业需求，有针对性地培养当地人才、培训当地劳工，在产能转移的同时实现技术和管理转移，推动企业实现属地化生存、属地化管理。可考虑将职业技术培训作为中埃产能合作进行援助投入的抓手，利用援款盘活中国早年在埃塞俄比亚首都近郊援建的技术培训学校，教学楼、校舍等基础设施，在更新硬件的基础上注重软件升级，与埃塞俄比亚方面探讨管理模式，设计可持续发展的运营机制。未来陆续在亚的斯亚贝巴市区、德雷达瓦市等地，新建若干专业各有侧重的职业技术培训学校，帮助埃塞俄比亚逐步建立起特色突出、贴近实际需求的职业技术培训体系，提高其劳动力效率和技能水平。

主要参考文献

［埃塞俄比亚］阿尔卡贝·奥克贝：《非洲制造：埃塞俄比亚的产业政策》，潘良、蔡莺译，社会科学文献出版社2016年版。

第一届中国—非洲经贸博览会组委会秘书处：《中非经贸合作案例方案集》，湖南人民出版社2019年版。

何晨青：《埃塞俄比亚"民主发展型国家"的理论与实践》，《当代世界》2017年第5期。

胡仁杰、孙照吉：《"一带一路"背景下中国与埃塞俄比亚产能合作的机遇与挑战》，《全国流通经济》2020年第23期。

联合国工业发展组织：《2018年埃塞俄比亚工业园区发展报告》。

林毅夫：《中国未来发展及中国—埃塞俄比亚产能合作》，《开发性金融研究》2015年第4期。

王兴平：《非洲产业园区发展与规划》，江苏人民出版社 2019 年版。

袁立：《助力非洲工业化——中非合作工业园探索》，中国商务出版社 2019 年版。

中华人民共和国商务部：《2019 年中国对外直接投资统计公报》。

中华人民共和国商务部：《对外投资合作国别（地区）指南——埃塞俄比亚》（2020 年版）。

周嘉希：《埃塞俄比亚的国家发展与"一带一路"实践》，《和平与发展》2019 年第 5 期。

周瑾艳：《作为非洲道路的民主发展型国家——埃塞俄比亚的启示》，《文化纵横》2019 年第 6 期。

Arkebe O., Made in Africa: Industrial policy in Ethiopia, Oxford University Press 2015.

UNIDO, Industrial park development in Ethiopia Case study report, Working Peper 21/2018.

埃塞俄比亚国家银行网站：http://nbe.gov.et/。

埃塞俄比亚政府网站：http://www.ethiopia.gov.et。

英国经济学人官网：http://www.eiu.com。

姚桂梅　中国社会科学院中国非洲研究院（西亚非洲研究所）经济研究室研究员、南非研究中心主任；中国社会科学院大学（研究生院）硕士生导师；美国伊利诺伊大学非洲研究中心访问学者；中国社会科学院创新工程项目《中国对非洲投资战略研究》《中国与非洲产能合作重点国家研究》和《西亚非洲国家经济社会转型发展研究》首席研究员。主要研究方向为发展经济学，从事非洲经济、地区经济一体化、中国与非洲经贸关系等问题研究三十五载，主持和参加过十多项国家和部委委托的课题，并向中央和有关部门报送数十篇研究报告。其中，《中非直接投资合作》获得中国社会科学院"2018年度优秀国家智库报告"；2012—2018年间，获得中国社会科学院优秀对策信息二等奖（2篇）、三等奖（3篇）；2021年获得陕西省第十五届哲学社会科学优秀成果调研报告类一等奖。

郝睿　中非发展基金研究发展部总经理。主要研究方向为宏观经济、对外投资、非洲发展、中非合作，主持和参加十多项部委课题研究，在国际国内期刊上发表学术论文三十余篇。

沈子弈　中非发展基金赞比亚代表处经理助理，中国社会科学院大学非洲国际关系专业博士（在读），主要研究领域为中非经贸合作、非洲工业化等。

毛克 中非发展基金埃塞俄比亚代表处高级经理，常驻埃塞俄比亚12年。其间，撰写"一带一路"埃塞俄比亚水利需求国别报告，埃塞俄比亚、埃及、摩洛哥等国别投资报告，以及埃塞俄比亚政经形势专报等。